EDUCAÇÃO DEMOCRÁTICA

Dados Internacionais de Catalogação na Publicação (CIP)
(Câmara Brasileira do Livro, SP, Brasil)

Laval, Christian
  Educação democrática : a revolução escolar iminente / Christian Laval, Francis Vergne ; tradução de Fabio Creder. – 1. ed. – Petrópolis, RJ : Vozes, 2023.

Título original: Éducation démocratique
Bibliografia.

2ª reimpressão, 2023.

ISBN 978-65-5713-839-7

1. Educação 2. Educação democrática 3. Pedagogia I. Vergne, Francis. II. Título.

23-145212 CDD-370.72

Índices para catálogo sistemático:
1. Educação : Pesquisa 370.72

Henrique Ribeiro Soares – Bibliotecário – CRB-8/9314

Christian Laval
Francis Vergne

EDUCAÇÃO DEMOCRÁTICA

A REVOLUÇÃO ESCOLAR IMINENTE

Tradução de Fabio Creder

EDITORA VOZES

Petrópolis

© 2021, Editions La Découverte, Paris.

Tradução do original em francês intitulado *Éducation démocratique. La révolution scolaire à venir.*

Direitos de publicação em língua portuguesa – Brasil:
2023, Editora Vozes Ltda.
Rua Frei Luís, 100
25689-900 Petrópolis, RJ
www.vozes.com.br
Brasil

Todos os direitos reservados. Nenhuma parte desta obra poderá ser reproduzida ou transmitida por qualquer forma e/ou quaisquer meios (eletrônico ou mecânico, incluindo fotocópia e gravação) ou arquivada em qualquer sistema ou banco de dados sem permissão escrita da editora.

CONSELHO EDITORIAL

Diretor
Volney J. Berkenbrock

Editores
Aline dos Santos Carneiro
Edrian Josué Pasini
Marilac Loraine Oleniki
Welder Lancieri Marchini

Conselheiros
Elói Dionísio Piva
Francisco Morás
Gilberto Gonçalves Garcia
Ludovico Garmus
Teobaldo Heidemann

Secretário executivo
Leonardo A.R.T. dos Santos

Revisão de originais: Lorena Delduca Herédias
Diagramação: Raquel Nascimento
Revisão gráfica: Jaqueline Moreira
Capa: Érico Lebedenco

ISBN 978-65-5713-839-7 (Brasil)
ISBN 978-2-348-07224-6 (França)

Este livro foi composto e impresso pela Editora Vozes Ltda.

Sumário

Introdução, 9

A educação e seus mundos, 12

Que democratização?, 16

A democratização não pode ser somente escolar, 20

Democracia e educação, 22

Educação ecológica, 25

A educação democrática, as práticas e os princípios, 27

1 Liberdade de pensamento e Universidade Democrática, 33

Liberdades acadêmicas bem frágeis, 38

Defender e estender a laicidade, 41

O imperativo de racionalidade, 47

Ciências sociais, política e democracia, 51

Como reatar com o espírito de Condorcet?, 54

Repensar a emancipação, 56

O direito à reflexão filosófica, 60

A Universidade Democrática, uma instituição realmente autônoma, 64

Um livro comum de saberes, 67

O conhecimento como bem comum mundial, 71

2 A igualdade em educação, 74

Pobreza e educação, 76

As falsas respostas à desigualdade, 80

Por um conhecimento sociológico dos destinos escolares, 81

Agir sobre o quadro econômico, social e cultural das famílias, 84

Políticas de igualdade escolar, 90

Passar da "demografização" à igualização real das condições de educação, 92

Acabar com a segregação social dos estabelecimentos escolares, 95

A igualdade real das condições de aprendizagem, 97

Igualizar as relações de gênero, 101

A igualdade em vez da concorrência, 106

Que pedagogia da igualdade?, 109

Transformar a relação social dos alunos com o saber, 112

O dilema da educação democrática, 115

A igualdade, o sentido e o sujeito do saber, 118

3 Uma cultura comum para a democracia, 123

A cultura comum, a sociologia e a ideia de igualdade, 127

A cultura comum em toda a sua amplitude, 129

Literatura e democracia, 133

A história ao largo, 137

Uma nova coerência antropológica, 140

Saberes pletóricos, 143

Desierarquizar os saberes, 146

A "escola unitária" segundo Gramsci, 152

A luta dos valores, 155

Cultura legítima, cultura plural, 156

4 Em busca de uma pedagogia instituinte, 158

A lição inacabada de Durkheim, 161

Experiências revolucionárias, 169

A "pedagogia popular" de Freinet e a cooperação pelo trabalho, 173

A revolução institucional em pedagogia, 179

Contra a anarquia dos indivíduos, contra a monarquia do mestre, 186

Os fundamentos democráticos da autoridade em pedagogia, 190

A imaginação pedagógica, 194

Política e pedagogia, 197

5 O autogoverno das instituições de saber, 201

Um soberanismo educacional contestado, 205

Os três modelos de democracia escolar, 210

Maio de 1968 ou o meio-fracasso da autogestão na escola, 214

Realizações autogestionárias posteriores, 219

Uma longa história em pontilhado, 222

Um governo democrático de estabelecimento, 225

Os efeitos do autogoverno, 231

Repensar o espaço e o tempo da escola, 234

Comum educacional local e federação das instituições de saber, 237

Conclusão – O desejo de saber e a experiência do comum, 243

Um desejo compartilhado de saber, 245

A experiência do comum educacional, 247

Referências, 251

Introdução

Estamos diante da obrigação de romper com a velha ordem do mundo. E sabemos que a tarefa política das próximas décadas terá de consistir em desfazer e superar o sistema capitalista se quisermos reduzir as desigualdades, desenvolver as formas de participação democrática, e proteger e melhorar a habitabilidade do mundo para o maior número de pessoas. Somos assim, e de novo, confrontados com a questão da revolução. A palavra é abastardada, frequentemente deturpada, sem dúvida, mas continua sendo necessária. E esta revolução, sabemos que ela deve ser ao mesmo tempo democrática, social e ecológica, e que deve conduzir a uma democracia social e ecológica sem precedente. A amplitude das desigualdades comparáveis àquelas do fim do século XIX, a total irracionalidade da governança das sociedades pelo lucro e pela competição, o colapso do clima e da biodiversidade, todos esses fenômenos estão ligados. As consequências dramáticas da pandemia de covid-19 deram uma primeira ideia do que nos espera se não fizermos uma mudança radical na organização das sociedades. Diante das ameaças que pesam sobre os ecossistemas dos quais os humanos fazem parte, não são apenas os modos de consumo ou o trabalho que devem mudar, mas os valores coletivos, a forma das relações sociais, as instituições políticas. Já não há o que esperar das últimas ilusões pelas quais os defensores da ordem capitalista querem "comprar tempo" (Streeck, 2014). É na perspectiva dessa ruptura que devemos considerar os conteúdos da indispensável revolução escolar. Está na hora de nos perguntarmos como a escola e a universidade vão formar indivíduos que amanhã serão capazes de assegurar o controle do seu destino e a responsabilidade para com o mundo, já até mesmo passou da hora de concebermos a educação democrática de que precisamos para nos munirmos de um futuro desejável e de uma terra habitável. "Todo ensino implica uma certa ideia de futuro e uma certa concepção dos seres que viverão este amanhã", insistia Paul Valéry (2002, p. 1431). Não poderíamos dizer melhor. A educação é um projeto social que conecta o passado e o futuro na ação presente. Ela está no cerne da autoinstituição da sociedade, para retomar a bela expressão de Cornelius Castoriadis (2005): é também pela educação dos recém-chegados que uma sociedade obtém um futuro desejável. A questão pode, portanto, ser formulada da seguinte maneira: se quisermos que o mundo de amanhã não esteja fadado aos desastres e às tiranias, mas que se abra à democracia social e ecológica, que consequências devemos tirar disso, desde o presente, em matéria de educação, a fim de formar indivíduos que lhe darão à luz e a farão viver?

Não se trata aqui de repensar a educação em função de um modelo de sociedade que seria perfeitamente conhecido em todos os seus detalhes. O tempo dos grandes modelos terminou e não podemos nos contentar com simples "reprises" das fórmulas do passado, comunismo, socialismo, anarquismo. Quanto aos encantamentos passadistas que idealizam a escola republicana, eles não têm nenhum uso positivo para pensar essa educação democrática de que as sociedades precisam. Temos que inventá-la para uma época nova, inspirando-nos no que foi dito e realizado antes de nós. Podemos, no entanto, enunciar o sentido geral da transformação desejável: ir em direção a uma sociedade que, em todos os domínios, ampliará as capacidades políticas de seus membros, assegurará sua igualdade social e garantirá o respeito aos *habitats*. Imaginar em que deveria consistir a instituição da educação nessa democracia social e ecológica do século XXI é a tarefa coletiva para a qual se trata aqui de contribuir[1]. Ela é particularmente importante porque as crescentes desigualdades e a degradação dos laços sociais afetaram profundamente as condições de ensino e aprendizagem desde a escola elementar até a universidade, passando pelo colégio e pelo liceu. A dupla crise da educação, tanto social pelo agravamento das desigualdades entre as classes, quanto política pela perda do sentido do coletivo (cf. Laval, 2006), não será resolvida por remédios autoritários e conservadores, ela só poderá ser superada por uma democracia radical, qual seja a participação de todos, e em todos os níveis, na tomada de decisões. Mas, acima de tudo, lembremo-nos de que o único fundamento do direito universal à educação é a democracia. Não é a religião, e tampouco a economia. Não há duas histórias, a do direito de todos ao conhecimento racional e a da democracia, há apenas uma. Mas os limites de uma são também os limites da outra. Além disso, querer uma verdadeira democracia é querer igualmente uma educação universal.

---

1. Quando nesta obra falarmos de "democracia" ou "sociedade democrática", queremos denotar uma democracia ao mesmo tempo igualitária, ecológica e regida pelo princípio do autogoverno popular.

A educação e seus mundos

Um dos efeitos mais aterrorizantes das sociedades dominadas pelo capitalismo, que seria errado acreditar que seja secundário relativamente à destruição dos ecossistemas, é o da desmoralização e da desresponsabilização dos indivíduos em relação à vida coletiva e suas obrigações. Quando nos assustamos com a violência na escola, com os fenômenos de assédio sofridos por tantas crianças e adolescentes, com a indisciplina ou a incivilidade de alguns alunos, tendemos a ver nisso apenas a consequência de comportamentos individuais, aos quais, se seguirmos os conservadores, seria necessário responder por um aumento de medidas punitivas, idealizações identitárias e restrições disciplinares. No entanto, os diferentes aspectos da crise educacional estão ligados às condições sociais, econômicas e políticas que os determinam e reforçam. Enquanto o capitalismo continuar a produzir seus efeitos destrutivos sobre a moral coletiva e o vínculo social, devido às desigualdades que engendra, à valorização exclusiva do sucesso econômico e da competição entre os indivíduos, à mentira manifesta entre os "valores oficiais" e a realidade vivida, a educação dificilmente poderá exercer sobre os alunos e os jovens em geral sua indispensável ação moral, que consiste em tornar cada um respeitoso e responsável pelos outros e por si mesmo, pelos *habitats* humanos e não humanos, e por uma herança comum que se transmite entre as gerações. O dilaceramento vivido pelos educadores, e que a sociologia talvez não leve suficientemente em conta, deve-se ao conflito de valores que perpassa as instituições de ensino, e que é avivado pelo neoliberalismo. Pois a função dessas instituições, mais difícil do que se imagina, deveria ser formar indivíduos realmente autônomos, ou seja, capazes de se limitar pelas regras e pelas leis que eles reconhecem como legítimas e racionais, não indivíduos livres para fazerem o que bem entenderem de acordo com seus caprichos, como o espírito capitalista da época os convida a fazer. Ora, aquilo a que o capitalismo incita, animado pela lei infernal do "sempre mais", é justamente a negação absoluta da autolimitação responsável, condição da vida coletiva, do agir em comum e do equilíbrio dos *habitats*. Fazer com que os princípios mais elementares da civilidade, da dignidade humana e do respeito aos ecossistemas sejam respeitados supõe ir contra a corrente das tendências mais graves de nossas sociedades e combater as políticas que as aceleram.

Como as outras instituições políticas da sociedade moderna no Ocidente, a escola foi, em certa medida, moldada pelos princípios das democracias liberal-representativas que, desde o fim do século XVIII, pretendiam conferir um poder limitado de deliberação e escolha a cidadãos livres para designarem seus representantes. Os reformadores escolares da Terceira República, tão cautelosos, haviam admitido que um regime representativo pressupunha que a massa do povo estivesse em condições de eleger legisladores que não ameaçassem as novas instituições: nem restauradores da monarquia, nem revolucionários coletivistas. Seria, portanto, necessário transmitir a todos os futuros eleitores e mesmo às suas futuras esposas, que não tinham direito ao voto, conhecimentos elementares de maneira verticalizada, formalista e disciplinar, mantendo-se aliás muitas das formas escolares do Antigo Regime. Não se tratava, obviamente, de formar cidadãos dispostos e aptos a participar diretamente das deliberações e decisões de interesse da coletividade, sendo estas reservadas exclusivamente aos representantes eleitos. A escola republicana de outrora tinha suas virtudes, mas ela se conformava com a democracia limitada, desconfiada, para não dizer hostil, em relação a qualquer soberania popular direta. Essa escola, correspondente à forma oligárquica da democracia dita representativa, nunca escapou da tensão que existe entre uma lógica econômica desigual e um regime político que erige a igualdade de direitos em princípio ideal essencial. Essa tensão entre economia capitalista e forma democrática, mesmo reduzida ao sufrágio universal, é um dado fundamental a ser levado em conta se quisermos compreender a crise da educação até hoje. Longe de ter se atenuado, ela na verdade aumentou. Nas últimas décadas do século XX, ocorreu uma importante mudança em detrimento do alcance democrático da instituição escolar. Com a implementação das políticas neoliberais, é a própria ideia de um "serviço público de educação" que foi enfraquecida em prol de uma idealização da Empresa. De fato, está cada vez menos em causa o "senso crítico" e a "formação do cidadão", e cada vez mais o "capital humano" e a "cultura corporativa"[2]. A educação é cada vez mais considerada como um bem amplamente privado pertinente a um discurso econômico padronizado; o aluno e o estudante[3] são vistos como consumidores; o objetivo da eficácia econômica prevalece sobre o da emancipação humana. Em suma, a escola, assim como o hospital e a maioria dos serviços públicos, está sujeita

---

2. Para uma análise da retórica gerencial no universo escolar, cf. Vergne, 2011.

3. Na França, estudante [étudiant, étudiante] designa uma pessoa que siga o ensino superior em uma universidade ou instituição de ensino superior, ao passo que aluno [élève] designa qualquer pessoa que seja ensinada em um estabelecimento escolar ou receba lições de um mestre [N.T.].

à lógica invasiva da rentabilidade e da competitividade a que se dedicaram tanto os líderes políticos da direita como os da esquerda dita governamental[4].

A transformação dessa escola sujeita aos imperativos econômicos tem sido acompanhada por uma certa despolitização da questão da escola, uma tecnicização dos problemas e das "soluções". No entanto, a questão escolar é uma questão política que concerne à organização do conjunto da sociedade, que afeta a divisão do trabalho, a distribuição da riqueza, a relação entre as gerações e os sexos, e a distribuição de grupos sociais e etnias no espaço. Devemos, portanto, *repolitizar a questão da escola* e, para tanto, ir contra a corrente de todos os discursos que querem abstrair a escola da sociedade e só querem ver nas crises da instituição uma questão de métodos pedagógicos e de gestão burocrática (cf. Blay *et al.*, 2019). Mas convém igualmente opor-se à repolitização reacionária que testemunhamos hoje. Um discurso conservador gostaria de solucionar a crise da escola por métodos autoritários, referências patrióticas, uma disciplina "antiquada" por vezes combinada com um cientificismo "neural", como se vê um pouco por toda parte no mundo[5]. Os conservadores, aliás, se apressam por toda parte para impor soluções milagrosas. Do Brasil à Turquia, da Hungria à França, o discurso autoritário tem a mesma lógica fundamental: a proteção do capitalismo e a acusação da democracia. No entanto, só podemos esperar o pior dessas reformas em série que casam

---

4. Nossas palavras dão seguimento a um livro anterior que analisou a expansão desse modelo de escola com o qual devemos romper (cf. Laval *et al.*, 2012).

5. As palavras do Ministro da Educação Nacional, Jean-Michel Blanquer, são uma boa ilustração disso.

neoliberalismo e autoritarismo, e que acabam por destruir os próprios fundamentos da educação. A educação não sofre de um excesso de liberdade ou de democracia, como o pretendem esses discursos conservadores. Ela, ao contrário, carece delas. Só a democracia social e ecológica, ao fazer da solidariedade para com os humanos e da responsabilidade ecológica para com os *habitats* o grande negócio do século, poderá conferir-lhe um sentido real.

Que democratização?

A sociologia deu ao termo "democratização", proposto pelo pedagogo Félix Pécaut em 1919, uma acepção ao mesmo tempo precisa e demasiado restrita (Pécaut, 2019, p. 236-251; e Prost, 1997, p. 51). Quanto mais altas forem as taxas de acesso aos diferentes níveis de estudo em função das origens socioprofissionais, mais se dirá democratizada a educação escolar. Essa definição e esse tipo de medida esposam o projeto progressista do início do século XX, que tinha como horizonte utópico não só a escolarização em massa, mas também a igualização dos resultados escolares segundo as classes e, portanto, a igualização das chances sociais de aceder às mais altas posições sociais, em uma concepção meritocrática de justiça social. Esse projeto ambicioso para a época, que pode ser encontrado nos grandes países ocidentais, caracteriza o que chamamos de "progressismo escolar", típico do século passado. Esta última expressão designa um compromisso entre, por um lado, as forças sociais e políticas ligadas ao movimento operário e, por outro, aquelas que estavam ligadas ao desenvolvimento capitalista da sociedade e que tinham um interesse na qualificação da mão de obra e na formação de quadros para o desenvolvimento econômico e a expansão burocrática[6]. O estabelecimento desse compromisso não foi nada óbvio. Por muito tempo, aqueles que lutaram por uma sociedade socialista criticaram essa concepção individualista da ascensão social dos elementos das classes populares mais dotados academicamente. A salvação pela escola lhes parecia mesmo um meio perigoso inventado pela burguesia para *voltar* contra os dominados aqueles dentre eles que haviam conseguido se integrar às classes superiores. Mas outros, mais otimistas quanto às potencialidades emancipatórias da escola, pensaram que ela poderia ser, da mesma forma que o sindicalismo ou a ação dos partidos operários, um fator de progresso social pela elevação do nível cultural das classes populares. Dito de outra forma, esse horizonte tornou-se uma das grandes causas da esquerda. Por outro lado, a direita teve que superar as formas mais obtusas do velho malthusianismo escolar que continuava a ver na escola uma fabricação de desempregados e rebaixados de classe social, para finalmente admitir, ao longo das décadas, o interesse para a economia de dispor de trabalhadores mais bem formados intelectualmente e já habituados à disciplina das organizações.

As ondas de escolarização do pós-guerra e a mobilidade social dos anos 1960 e 1970 conferiram substância ao compromisso progressista. Elas ancoraram nas mentes a crença de que haveria uma ligação estreita entre a *igualdade de cada um perante a escola*, supostamente alcançável pela lei da obrigatoriedade escolar e o prolongamento da

---

6. Um dos grandes momentos desse compromisso ocorreu na década de 1960 (cf. d'Enfert *et al.*, 2011; cf. tb. os anais da conferência de Amiens em março de 1968: AEERS, 1969).

duração dos estudos, e a *igualdade de todos pela escola*. A sociedade de amanhã seria justa e igualitária graças à "escola libertadora". Ela também seria mais eficiente e mais produtiva, em uma palavra, mais moderna. De fato, era essa concepção que animava, sob a aparência de uma ruptura radical, os Companheiros da Universidade Nova após a Primeira Guerra Mundial: "Uma educação democrática é, portanto, aquela que permite obter de cada homem o melhor desempenho"[7].

O progressismo escolar favoreceu uma das maiores mudanças históricas que a sociedade conheceu, qual seja a massificação da escola, ao mesmo tempo que acreditou em poder alcançar a igualdade escolar independentemente de uma transformação social e política de conjunto. A partir da década de 1960, no entanto, ele se deparou com o muro da divisão entre as classes sociais. A "democratização" quantitativa da escola não levou à conquista da "igualdade de oportunidades". A revelação da dependência dos percursos escolares da origem social provocou mesmo um abalo considerável das certezas progressistas. A partir da década de 1960, a ideia de que a escolarização poderia ser "justa" em uma sociedade desigual tornou-se objeto de uma dúvida que vai pouco a pouco afetar até mesmo as organizações profissionais e as formações políticas que haviam até então

---

7. Les Compagnons, 2008, p. 38. Os Companheiros da Universidade Nova [*Les Compagnons de l'Université nouvelle*] são um grupo de universitários que, no rescaldo da I Guerra Mundial, defenderam um programa de reconstrução da educação baseado nos valores da igualdade e do mérito. Dois princípios os inspiram: a renovação dos conteúdos de ensino e o aperfeiçoamento dos métodos de orientação dos alunos. Além da escola primária, os Companheiros da Universidade Nova pretendem ampliar a base do recrutamento da elite de que a economia francesa precisa.

participado do ideal progressista. E a tomada de consciência não vai parar por aí. Desde a década de 1990, múltiplos trabalhos sociológicos acentuam o desencanto ao mostrar a dificuldade dos jovens diplomados de se integrarem ao mundo do trabalho, pelo menos no nível esperado. A escolaridade pode ter se prolongado para as crianças das classes populares, mas as disparidades de resultados em relação às crianças das classes mais privilegiadas não estão diminuindo. Em suma, o considerável prolongamento da escolaridade no século XX ensinou-nos que não basta escolarizar para democratizar no sentido sociológico do termo, pois as desigualdades educacionais estão sempre intimamente correlacionadas com as desigualdades sociais. E quanto mais estas aumentam, como é o caso nas sociedades neoliberais, mais aquelas se acentuam, como o demonstraram os trabalhos de Gabriel Langouët (2011 e 2014).

A crise desta grande esperança, longe de alimentar um novo projeto progressista, levou antes à "grande renúncia" neoliberal: porquanto é impossível elevar o nível escolar de muitos alunos de meios populares, supostamente devido a conhecimentos demasiado abstratos e demasiado afastados da "vida real" (ou seja, da vida profissional), convém centrar a aprendizagem na aquisição de competências úteis à sociedade, conectadas tanto quanto possível às empresas (Terrail, 2016, p. 49). Em outras palavras, a concepção utilitarista dos estudos e o objetivo da empregabilidade constituiriam o caminho democrático por excelência. Um novo malthusianismo vergonhoso impôs-se, assim, pouco a pouco, aquele das "competências" e da "base curricular", que se casou prontamente com o produtivismo dominante.

A democratização não pode ser somente escolar

É preciso superar as desilusões do progressismo escolar do século XX. Se a escola deve visar, a partir de agora, a formação cultural mais completa possível, a começar pelo domínio das ferramentas intelectuais fundamentais, ela não pode mudar a sociedade sozinha. A questão escolar certamente tem aspectos técnicos e metodológicos importantes, mas permanece, *antes de tudo*, uma questão social e política[8]. O ensino é sempre solidário de uma formação social, e é vão, como já o notava Jean Jaurès, no início do século XX, esperar uma escola inteiramente socialista em uma sociedade dominada por forças perfeitamente hostis à igualdade, *a fortiori* se essa sociedade for obrigada a seguir um caminho contrário à igualização de condições e à responsabilização ecológica, como é o caso hoje: "A todo esforço para atenuar a desigualdade social no ensino deverá corresponder, sob pena do mais terrível desequilíbrio, um esforço equivalente para diminuir essa desigualdade na vida social, na organização do trabalho e da propriedade" (Jaurès, 2012b, p. 369). Nossa posição poderá parecer utópica, mas ela é hoje a única realista. Convém reatar com essa ideia de socialismo histórico, que prevalecia *antes* do advento do compromisso progressista e da eclosão de suas contradições, segundo a qual a igualdade social e a igualdade educacional são indissociáveis. Todo progresso decisivo da igualdade na

---

8. Não subestimamos a importância da discussão específica sobre os "métodos", especialmente aqueles concernentes à aprendizagem da leitura e da escrita. A importância do tema mereceria mobilizar toda a profissão no exame das práticas e seus efeitos, e não se limitar a algum cenáculo de especialistas, e menos ainda ser objeto de decisões autoritárias. Para uma apresentação da discussão, cf. Passerieux *et al.*, 2021.

educação pressupõe uma profunda transformação da sociedade: "Quem não associe o problema escolar, ou melhor, o problema da educação ao problema social como um todo se condena a esforços ou sonhos estéreis", sublinhava ainda Jaurès (2012c, p. 205). A igualdade que deve caracterizar uma educação democrática não se limita àquela das chances de sucesso, sequer à dos resultados escolares. Ela deve visar a uma igualdade para além da escola, a igualdade social e política de todos os membros da sociedade. A este respeito, não só a política de esquerda regrediu, mas também uma parte da reflexão sociológica, que, no entanto, deveria pensar o sistema social e institucional *como um todo*, ou seja, em todas as suas interdependências. Este é o sentido da exigência metodológica contida na expressão de Marcel Mauss tão adequada à educação: um "fato social total". Por outro lado, devemos desconfiar das superestimações do alcance da educação na sociedade, tão típicas de um certo "escolarismo" do século passado. Quando John Dewey afirmava que "a reorganização social depende da reconstrução da educação" (Dewey, 2011, p. 412), seria preciso entender que essa reconstrução é uma das condições, não a única. Para *realmente* mudar a sociedade, não basta introduzir modificações em uma única instituição. Para dizê-lo mais diretamente, uma educação realmente democrática é inconcebível em um mundo onde a democracia esteja ausente dos locais de trabalho e estudo, e, mais geralmente, das condições de vida, do bairro, da cidade e dos territórios. A grande questão, e que não é nova, é aquela que inspirou muitos pensadores da educação, especialmente muitos socialistas desde o século XIX: a de saber o que é a *educação para a democracia* (Dreux *et al.*, 2018).

Democracia e educação

A democracia designa para nós a característica de uma sociedade na qual o princípio do autogoverno é estendido a todas as instituições territoriais e produtivas, a todas as atividades coletivas, sejam econômicas, culturais ou educacionais. A democracia assim entendida pressupõe a capacidade dos cidadãos de refletir sobre as instituições desejáveis, seu poder coletivo de mudá-las se não mais lhes convêm. Em uma palavra, a democracia é para nós sinônimo do poder instituinte dos cidadãos e dos produtores, o que não acontece sem autorreflexividade no âmago de todas as instituições da sociedade, sejam elas políticas ou econômicas[9]. Compreendemos, então, o papel central da educação em uma sociedade que faz do autogoverno seu princípio geral. Nossa abordagem deve muito a John Dewey, filósofo americano (1859-1952) que realizou uma das mais audaciosas e sistemáticas tentativas de pensar a democracia e a educação em conjunto, sendo a democracia para ele uma forma de vida caracterizada pelo exercício ativo da inteligência social e da participação pública nos assuntos gerais da sociedade. Para ele, uma sociedade democrática é aquela que "permite a todos os seus membros uma participação igualitária em seus benefícios e que assegura com flexibilidade o reajuste de suas instituições por meio da interação das diferentes formas de vida comunitária" (Dewey, 2011, p. 181). Em uma democracia, a evolução social é fruto de interações negociadas entre indivíduos ao mesmo tempo enérgicos, altruístas e competentes. O crescimento dos laços sociais e

---

9. Cf. o texto mais sintético de C. Castoriadis sobre a autorreflexividade e a reinstituição da sociedade: Castoriadis, 1990a, p. 113-139.

a diversificação das capacidades individuais de se adaptar às mudanças exigem a formação de "individualidades democráticas" capazes de "se interessar pessoalmente pelas relações sociais e pela conduta da sociedade". A lição de Dewey continua sendo essencial para nós: a escola e a universidade devem ser "reconstruídas" como lugares onde se pode vivenciar a democracia. A democracia como fim exige a democracia como meio (cf. Chanial, 2006). A educação não deve simplesmente "socializar" os jovens, como diz a sociologia, é preciso ainda que ela lhes dê o desejo, os hábitos e as condições de participarem da elaboração das regras coletivas, de se envolverem na discussão e na tomada de decisão em comum. Onde, senão na escola, eles encontrariam os recursos, os estímulos e os hábitos dessa conduta ativa sem a qual não há democracia verdadeira possível? Em suma, ela deve ajudar na formação de "mentalidades democráticas", segundo a fórmula de Paulo Freire (1973, p. 98).

Iniciou-se, no fim do século XIX, um debate nos meios socialistas e libertários sobre a compatibilidade da instituição escolar com a emancipação social das classes populares. Alguns autores fizeram da escola uma instituição essencialmente alienante. Mas por que razão a educação deveria ser eternamente fixada a um certo estado de instituições políticas, a um certo tipo de relações de poder? A doutrina educacional de Durkheim é reveladora da necessidade de se voltar a esse debate. Durkheim deu uma definição de educação baseada na assimetria das posições pedagógicas: "A educação é a ação exercida pelas gerações adultas sobre aquelas que ainda não estão maduras para a vida social" (Durkheim, 1985). Esta definição baseia-se em uma concepção sociológica segundo a qual o instituído, ou seja, o que preexiste ao indivíduo, deve necessariamente impor-se a ele, o qual nunca inventa, como o postula o individualismo filosófico, o "seu" mundo e a "sua" sociedade. Essa definição deve ser colocada em seu contexto histórico: os republicanos, em nome dos quais Durkheim exprimia seus pontos de vista, tornaram-se os defensores, contra as poderosas tendências individualistas e utilitaristas do século XIX, da preeminência do instituído cultural sobre o indivíduo e suas paixões egoístas. Mas essa definição, se não é contestável em um sentido antropológico, é demasiado vasta e demasiado incompleta no plano propriamente político. É até mesmo muito problemática quando se quer tirar dela um modelo institucional geral, como se a "forma escolar" pudesse ser a mesma em todas as sociedades e em todos os regimes políticos. Ela não permite distinguir a forma democrática da educação de suas formas dogmáticas e autoritárias. Ora, uma sociedade realmente democrática tem de específico que o instituído social e político é conscientemente refletido como o resultado de um coletivo instituinte. A tarefa da educação democrática não é, portanto, somente fazer com que cada indivíduo se sinta membro de um grupo para com o qual tem obrigações, mas também ensiná-lo a tornar-se um participante ativo na determinação coletiva das regras da vida em comum, e mais geralmente, um participante ativo da vida social e cultural, da sua renovação e da sua criatividade. E podemos acrescentar: um ser plenamente responsável pelo mundo no qual vai viver. A originalidade de uma educação democrática, por conseguinte, é permitir que alunos e estudantes façam a experiência da autonomia individual e do autogoverno coletivo. Não se trata aqui de uma questão de doutrina, mas de prática pedagógica e de organização institucional: "Todo processo educacional que não vise a desenvolver ao máximo a atividade própria dos alunos é ruim", enfatiza com razão Castoriadis (1990b, p. 146).

Educação ecológica

Muitos reformadores da escola dos séculos XIX e XX tinham como horizonte uma sociedade industrial organizada em torno do trabalho humano e da produção de bens úteis. Já não nos encontramos aí. Os desastres engendrados pelo capitalismo convidam a uma revisão completa dos paradigmas políticos e, em particular, do paradigma educacional. Com efeito, convém que se faça uma nova pergunta: como deveria ser a educação em uma "democracia ecológica"[10]? Ela não é compatível, como dissemos acima, com relações sociais desiguais, mas tampouco é imaginável em uma sociedade fundada na disputa pela produção de mercadorias. Robert Boyer cunhou o termo sociedade *antropogênica* para designar uma sociedade organizada em torno da "produção do homem pelo homem" e não mais, como hoje, da "produção do dinheiro pelo dinheiro"[11]. Será, portanto, uma sociedade na qual a produção do conhecimento mais livre, da educação mais universal e até mesmo da autoformação permanente estarão no centro das preocupações e das atividades de seus membros. Nessa sociedade, a função da educação será a de

---

10. A expressão usada por Bourg *et al.*, 2010, designa uma forma política essencialmente expertocrática e oligárquica. É em uma direção muito diferente que nós empregamos essa expressão.

11. Cf. "Capitalisme(s) du XXIe siècle – un entretien avec Robert Boyer", *Contretemps*, n. 21, fev. 2008 (disponível em www.contretemps.eu).

formar indivíduos criativos e cooperativos, capazes de compartilhar conhecimentos, de transmitir o que sabem, de cuidar dos outros e de seus *habitats*, e de produzir conhecimento por si mesmos. Visto deste ângulo, são domínios inteiros e instituições fundamentais que terão de ser revolucionados: o trabalho, como dissemos, mas também a cidade, o lazer e a família.

Por democracia social e ecológica, entendemos a arquitetura de uma sociedade na qual os cidadãos, definindo eles mesmos as escolhas que condicionam o bem-estar coletivo, impõem limites às atividades e aos consumos nocivos para os *habitats*. Essa democracia ecológica do futuro terá de reorientar de maneira igualmente drástica o uso dos meios materiais e das atividades humanas para cuidados de toda a sorte exigidos pelos *habitats* e por indivíduos de todas as idades, dentre eles os mais jovens. Um dos aspectos mais intoleráveis das sociedades capitalistas é o uso irracional que se faz de grande parte dos recursos naturais e os danos engendrados por uma produção subordinada à lógica do lucro. Por outro lado, desenvolver instituições *antropogênicas*, antes de tudo, instituições educacionais, é uma necessidade absoluta. Uma mudança completa das atividades prioritárias tornou-se necessária, e isso já a partir de hoje, em benefício do conhecimento, da arte e da saúde. A educação exigirá gastos crescentes, e muito crescentes, por parte das comunidades humanas, em todos os níveis. Ela, obviamente, implicará uma reabilitação da situação material e da posição simbólica de professores e educadores. Mas a transformação também terá de incidir sobre os conteúdos educacionais e sobretudo sobre o "espírito" da educação: desconstruir o imaginário industrialista e produtivista que levou a crer que os homens poderiam ser "como senhores e possuidores da natureza" sem consequências sobre os ecossistemas.

A educação democrática, as práticas e os princípios

Chegou a hora de passar das mobilizações defensivas às *proposições ofensivas*. Os movimentos de resistência às reformas neoliberais no campo escolar e universitário, e houve muitos deles em todo o mundo há pelo menos duas décadas, estabeleceram eles próprios o princípio básico de uma alternativa à privatização e à submissão aos imperativos capitalistas: o conhecimento é comum, não deve ser reservado a uma elite, nem ser objeto de qualquer forma de "enclausuramento" por dinheiro ou local de residência. Para além dos motivos iniciais das mobilizações, o sentido de todos esses movimentos repousa sobre o "princípio dos princípios" segundo o qual "a educação é um bem comum, não uma mercadoria". A questão que queremos colocar nesta obra é precisamente de saber o que essa exigência implica. Quais são suas condições e suas implicações concretas, nos conteúdos escolares, na pedagogia, na arquitetura institucional? Em primeiro lugar, como devemos entender este tipo de proposta que ouvimos em todo o mundo: a educação como "bem comum"? Fazer da educação, da cultura ou da saúde, e de muitos outros domínios da vida humana e social, um "bem comum" remete a uma visão política diretamente contrária à concepção proprietária dominante desses domínios e dessas atividades, dimensão que nunca é melhor compreendida do que quando se fala de "capital humano" ou de "capital de saúde". Dizer que a educação é um "bem comum" é dizer que ela não pode ser apropriada, que nenhum indivíduo, nenhum grupo, nenhum Estado pode se dizer ou se tornar seu proprietário. Ela é de todos por princípio. Mas esse "bem comum" educacional só pode encontrar consistência em uma *instituição com características muito específicas*. Para que a educação seja verdadeiramente um "bem comum" é preciso que a própria instituição educacional seja concebida como um *comum*, ou seja, como um espaço institucional ao mesmo tempo autogovernado pelos coparticipantes da atividade educativa e regido pelo direito de uso exercido por uma coletividade sobre os recursos educacionais produzidos, mantidos e disponibilizados por essa instituição (sobre este ponto, cf. Dardot *et al.*, 2014). Certamente, convém repetir, é inútil esperar a realização completa dessa alternativa educacional na sociedade capitalista de hoje. Mas ainda que esse objetivo pareça distante, ele não deixa de ser indispensável para que se possa identificar as possibilidades atuais e procurar desenvolvê-las na prática. Não faz parte da ética própria dos educadores começar, onde estão e como podem, e mesmo nos estreitos limites de ação que lhes restam, a transformação democrática, social e ecológica da educação? Em outros termos, o que se pode fazer hoje a fim de voltar a educação para a democracia social e ecológica? Se a escola não é independente das formas de dominação que existem na sociedade, tampouco é inteiramente seu reflexo ou prolongamento. Para agir, é preciso postular que existem margens de transformação da escola, e isso mesmo na era neoliberal, que merecem ser exploradas.

Os "reformadores" muitas vezes acreditam erroneamente que as reformas desejáveis só podem vir de "cima". A definição vertical de "boas práticas" definidas por especialistas e sua inculcação autoritária não são viáveis nem desejáveis. Convém, aliás, abandonar toda concepção abstrata de transformação escolar que gostaria de definir "boas práticas" independentemente das condições concretas e dos efeitos reais da ação pedagógica. Em vez disso, devemos apostar nas *práticas alteradoras*, conduzidas ou apoiadas por coletivos críticos de professores e pesquisadores, em conjunto com os principais sindicatos de professores, liceais e estudantes, e com as associações de pais de alunos. Em outras palavras, nada será feito sem um combate político contra todos os defensores do Estado autoritário, de direita ou de esquerda.

Focaremos aqui nas práticas e nos perguntaremos quais são as mais propensas a romper com a ordem escolar e social desigual, e produzir efeitos democráticos duradouros, sem negar as tensões que perpassam as práticas educativas entre princípios por vezes dificilmente conciliáveis. A instituição democrática da educação não se proclama, ela se realiza praticamente nas lutas e nas experimentações. Há, no entanto, um método a respeitar: todas essas condições são interdependentes, e, quando parecemos separá-las em capítulos diferentes, nunca esquecemos que se trata de transformar de forma coerente um *sistema* escolar. Essa transformação deve concernir simultaneamente às relações entre as instituições educativas e os poderes na sociedade, as relações pedagógicas, os conteúdos culturais e a organização dos poderes internos. Da mesma forma, não esquecemos que essas condições estão ancoradas na sociedade global, em sua história, suas divisões e seus conflitos. Se, como já sublinhamos, a transformação isolada da escola é uma ilusão, não nos basta esperar sob a mira de uma arma por algum decreto da revolução escolar. Submetemos à discussão cinco princípios que, por meio das práticas alteradoras que inspiram, podem preparar a educação democrática de amanhã.

O primeiro concerne à condição primordial da educação democrática: a *liberdade de pensamento*, cuja tradução institucional é chamada de liberdade acadêmica. A escola deve estar inteiramente emancipada dos poderes que até agora buscaram subjugá-la e instrumentalizá-la, sejam religiões, governos ou empresas capitalistas. Nesse sentido, toda a educação, desde o maternal até a universidade, deve ser regida pela regra absoluta da liberdade de pensamento, condição de todo conhecimento racional, e para isso deve estar integrada em uma instituição independente dos poderes que nós chamamos de Universidade Democrática (cap. 1).

O segundo princípio é a *busca da igualdade no acesso à cultura e ao conhecimento*. Não basta declarar esse objetivo, trata-se de pensar suas condições e dotar-se dos meios necessários para alcançá-lo. A literatura sobre o assunto é imensa e dá a sensação de que tudo e seu contrário já foram ditos e experimentados. Convém articular duas lutas pela igualdade, uma luta interna às instituições e uma luta externa que concerne a toda a sociedade. Como persuadir ainda acerca da igualização das oportunidades educacionais sem uma reviravolta da divisão do trabalho e da repartição do poder na sociedade? Mas isso não nos impede de perguntar o que a educação pode fazer pela igualdade hoje (cap. 2).

O terceiro princípio concerne à implementação de uma *cultura comum*. Para os conservadores, a instituição escolar deveria, essencialmente, preparar para carreiras profissionais e posições sociais altamente diferenciadas. O neoliberalismo escolar veio consolidar esse malthusianismo, renovando-o e definindo uma "base curricular mínima comum de competências". Na perspectiva de uma educação democrática, o acesso a uma verdadeira cultura comum de alto nível é um objetivo político que deve agora orientar as práticas docentes, por vezes a despeito dos programas oficiais (cap. 3).

O quarto princípio concerne à definição de uma *pedagogia instituinte*. Também aqui pode-se ter a sensação de que, há pelo menos dois séculos, os velhos métodos disciplinares e opressivos da escola tradicional têm sido criticados. Mas se uma pedagogia democrática não pode ser isolada dos objetivos de igualdade social e dos objetivos culturais da escola, ela não pode ser separada do objetivo de autogoverno popular. Esse objetivo demanda autonomia individual e livre atividade coletiva, que devem ser vivenciadas e aprendidas na instituição educacional. Devemos, portanto, identificar e destacar o que é autenticamente revolucionário na tradição das grandes pedagogias alternativas, e precisamente o que compete à cooperação ativa dos alunos em sua aprendizagem (cap. 4).

O quinto princípio concerne ao *autogoverno das instituições de conhecimento* mesmas. Todo estabelecimento escolar e universitário deve ser regido por princípios realmente democráticos, ao contrário do atual reforço da hierarquia e da burocracia central. No quadro das leis gerais e de uma política geral orientada para a realização dos princípios acima referidos, o governo do estabelecimento deve ser confiado a uma estrutura colegial de funcionários, usuários da escola e cidadãos interessados na questão educativa. Este autogoverno dos estabelecimentos deve estar ele próprio integrado no quadro federativo da Universidade Democrática, protetora da liberdade acadêmica e garante da igualdade real perante a educação (cap. 5).

1
Liberdade de pensamento e Universidade Democrática

O conhecimento interessa a toda a sociedade, ele condiciona a participação de todos na deliberação e na tomada de decisões políticas. Nem a independência de professores e pesquisadores, nem as controvérsias científicas, nem o rigor intelectual se opõem às necessidades da vida social e às escolhas coletivas. Contra os métodos deformantes atualmente utilizados pelos diversos poderes estabelecidos na sociedade, são imprescindíveis instituições de conhecimento sólidas e fortes nas quais reine a mais completa liberdade intelectual. Essa liberdade não concerne apenas à esfera da pesquisa científica e do ensino superior. Ela deve estar no fundamento de todas as instituições encarregadas na sociedade da criação e da transmissão dos saberes em todos os domínios e em todos os níveis. A educação democrática é antes de tudo uma educação livre; isto é, liberta dos poderes que querem instrumentalizá-la e subjugá-la. Sua primeira máxima é herdeira do Iluminismo: *Sapere aude*, "ouse servir-se do seu entendimento", como o recomendava Kant no opúsculo *Resposta à pergunta: O que é o Iluminismo?* (1784). A proibição de fazer uso da própria razão equivale à privação de liberdade por submissão a mentiras, superstições e, mais geralmente, à "direção de outrem". O Iluminismo preparou o casamento do princípio da cidadania com o espírito científico. Como escreve Michel Blay a este respeito: "Nada, juridicamente, pode escapar ao questionamento. A ciência assim definida está, portanto, obviamente ligada à liberdade, e por esta última por vezes foi pago um alto preço"[12]. Conhecimento, liberdade e educação democrática são indissociáveis.

No entanto, como apontou Theodor Adorno, as sociedades do "capitalismo tardio" foram bastante incapazes de ajudar nessa "saída do homem da minoridade pela qual ele mesmo é responsável", da qual falava Kant, graças ao que Adorno denomina uma "educação para a maioridade" (*Erziehung zur Mündigkeit*) (cf. Olivier, 2018). Adorno assim identificou, no caso da Alemanha pós-Segunda Guerra Mundial, todos os obstáculos que se interpunham à implementação de uma educação democrática. A razão emancipatória é reduzida à racionalidade instrumental, as indústrias culturais exploram o desejo de divertimento em vez do apoio à reflexão crítica, e, sobretudo, a educação não incita a subtrair-se intelectualmente às formas autoritárias de poder ideológico. Questão política e questão pedagógica estão intimamente ligadas. O que se aplica aos indivíduos que devem usar livremente sua inteligência também se aplica aos povos em seu aprendizado da democracia. Como garantir, pergunta Adorno, que a ideia de educação como autoemancipação se realize em um contexto no qual é o universo capitalista que fomenta o conformismo e tende a impor sua dominação até mesmo nas formas mais íntimas da vida individual?

---

12. Michel Blay, "Science et liberté", no site do Institut de recherches de la FSU: http://institut.fsu.fr. Cf. tb., do mesmo autor, "Science et exigence de la raison", *Raison presente*, n. 171, 2009.

A história nos legou outro problema que não está totalmente ultrapassado. Regimes alegadamente não capitalistas e que abusivamente invocam Marx, que estabeleceram como princípio de funcionamento a privação das liberdades mais elementares, procuraram justificar-se pela promoção do princípio da igualdade. A saída do capitalismo já não é o penhor automático de uma maior democracia, a qual pressupõe obediência escrupulosa à máxima de Rosa Luxemburgo, segundo a qual "a liberdade é sempre a liberdade daquele que pensa de outra maneira". Fora essas situações de extrema opressão, é preciso cuidar para que um certo anti-intelectualismo não entrave a liberdade de pesquisa em nome, falaciosamente, das vítimas ou dos dominados. A educação autenticamente democrática, solidamente alicerçada na objetividade e na racionalidade, é incompatível com a censura, de onde quer que ela venha. Esta última tem por postulado que os alunos, os estudantes e o público precisam de mestres censores que, obviamente para o seu próprio bem, façam a triagem entre bons e maus pensamentos, bons e maus conceitos, e boas e más teorias. Se a educação democrática se dedicasse, como dissemos na introdução, a concretizar a ideia de igualdade e participação de todos nos assuntos comuns, sem uma liberdade igualmente concreta, a realização das ideias democráticas não teria nenhuma chance de ser assegurada. Por conseguinte, é essencial proteger institucionalmente *todos* os professores, do primário ao superior, e evidentemente todos os pesquisadores de todas as proibições de pensar livremente. Pois que certamente disso depende, para além dessas instituições de conhecimento, a liberdade de pensamento de cada um e de livre comunicação de ideias, tal como é aliás garantida pelo artigo 11 da Declaração dos

Direitos do Homem e do Cidadão: "A livre comunicação de pensamentos e opiniões é um dos direitos mais preciosos do homem: todo cidadão pode, portanto, falar, escrever, imprimir livremente, a não ser que responda pelo abuso dessa liberdade nos casos determinados pela lei."

Não basta invocar o princípio da liberdade, é preciso realizá-lo. Quais são as condições dessa inestimável liberdade de pesquisa e ensino? Para nós, a primeira de todas as condições é de ordem institucional. Não há liberdade acadêmica real sem instituição da liberdade. Pois é justamente neste ponto que o "direito universal ao conhecimento", tal como estabelecido na Declaração Universal dos Direitos Humanos de 1948, não foi cumprido até hoje. Recordamos que, em seu artigo 27, a Declaração define o quadro normativo do acesso de todos ao conhecimento: "Toda pessoa tem o direito de tomar parte *livremente* da vida cultural da comunidade, de usufruir das artes e de participar do progresso científico e dos benefícios que dele resultam." Mas o que se passa na realidade? Desde essa data, agimos como se os Estados, e somente os Estados, fossem responsáveis pela realização desse direito universal, e como se fosse inútil pensar nas condições institucionais efetivas do livre acesso ao conhecimento em todas as escalas, sobretudo mundial.

Propomos aqui considerar uma forma institucional apropriada ao objetivo da educação democrática. Todas as instituições de ensino deveriam estar ligadas entre si e reforçar umas às outras em uma trama estreita de coordenações, cooperações, intercâmbios e mobilidades segundo um espírito comum. A esta nova instituição de tipo federativo, poderíamos atribuir vários nomes: Escola Democrática, Academia Democrática, Universidade Democrática. Esses termos são embaraçosos, todos carregados de conotações sedimentadas. Se mantivermos o termo *Universidade Democrática*, apesar de suas desvantagens, o essencial é entendermos bem o que ele significa para nós. A palavra "Universidade" vem de *universitas*, termo técnico do direito romano. Nos séculos XII e XIII, sob a pena dos canonistas e dos romanistas, esse termo remete-se a toda coletividade consciente de si mesma e que se dotou de uma instituição própria. O termo "é o testemunho da tomada de consciência pelos seus próprios membros, ou do reconhecimento por estrangeiros, do fato de se estar na presença de uma comunidade verdadeira, que possui enquanto tal uma consistência institucional que assegura, ao conjunto dos membros que a compõem, uma vida coletiva real" (Michaud-Quantin, 1970, p. 47). Somente mais tarde o termo designou mais especificamente a instituição de estudos, regida pela *libertas scolastica*, mais teórica do que real aliás. O essencial permanece que, em seus primórdios, o *universitas scolarium* era definido justamente como uma coletividade que persegue um mesmo objetivo, compartilhando meios e competências. Ora, é precisamente dessa unidade, para além das diferenças de níveis de ensino, que precisamos para dar à educação um verdadeiro *status* de instituição livre. Não a entendemos como uma administração estatal governada de cima para baixo, mas como um verdadeiro "serviço público", ou seja, um serviço prestado ao público. Em termos de organização, nós a consideraremos como uma federação de instituições de ensino cogovernadas por docentes, pesquisadores, alunos e pais de alunos, estudantes e cidadãos[13]. Suas finalidades

---

13. Este ponto organizacional será desenvolvido mais adiante, no cap. 5.

comuns? A garantia das liberdades no ensino e na pesquisa, e o acesso universal aos saberes considerados como bens comuns em escala mundial. Nada deve obstaculizar a que esta instituição ultrapasse as fronteiras nacionais. A liberdade de pensamento só será assegurada no planeta quando as ideias puderem circular por toda parte segundo um espírito cosmopolítico.

Liberdades acadêmicas bem frágeis

Consideremos primeiramente os problemas que o livre exercício do pensamento na pesquisa e no ensino deve enfrentar hoje. Toda forma de dependência das instituições de ensino em relação aos poderes estabelecidos da sociedade, sejam eles estatais, religiosos, econômicos, ideológicos e partidários, faz parte disso. A mão do Estado, sobretudo, torna-se cada vez mais pesada nos países totalitários e autoritários, onde o controle ideológico do ensino é cada vez mais a regra. Um novo macarthismo se espalha pelo mundo. Ele hoje afeta particularmente professores, pesquisadores e estudantes de ciências sociais, mas ninguém está imune a amálgamas, ignorâncias e calúnias que os novos censores praticam de bom grado[14]. No Brasil, as medidas repressivas do poder bolsonarista atingiram tanto os professores do

---

14. A censura é multifacetada e às vezes se encontra em lados opostos. É evidente que a liberdade acadêmica pressupõe que os conflitos intelectuais normais dentro do mundo acadêmico sejam resolvidos pela argumentação racional, e não pela denúncia e pelo apelo à repressão. Isso vale para todos os campos. Ao mesmo tempo, devemos constatar uma real dissimetria de poder. Os governos, apoiados pelos meios de comunicação, dispõem de um poder de censura muito maior do que o de certos falsos "radicais" que, aqui e ali, proíbem o uso de tais palavras ou a referência a tal autor, oferecendo assim, além disso, o pretexto para caças às bruxas contra professores e pesquisadores em geral.

ensino fundamental e médio quanto os universitários e a comunidade científica. Na Turquia, milhares de professores são expulsos da universidade, e muitas vezes presos, por terem se posicionado contra a guerra contra os curdos e se oposto ao "novo sultão" Erdogan. Na atual instituição escolar francesa, como na maioria das dos países ditos democráticos, entende-se oficialmente que nenhuma censura poderia ser aplicada, pelo menos à maneira das ditaduras e dos países totalitários. Na realidade, a restrição é aí exercida de uma maneira muito mais sutil. De dentro, pelos programas, pelas prescrições de métodos, pelas avaliações conduzidas pela hierarquia. De fora, por uma exigência de "adaptação à realidade", ou seja, à sociedade tal como ela existe. Como os professores são, em sua grande maioria, "funcionários do Estado", é nesta qualidade que a hierarquia burocrática não deixa de os informar, quando julga necessário, que a sua "liberdade pedagógica" permanece sujeita às diversas autoridades de tutela, quando não os lembra mais diretamente que sua missão é promover os valores da nação e acelerar seu crescimento econômico. Essa grande conquista que é a *libertas scolastica*, portanto, nunca é definitivamente adquirida. Os poderes tendem a ver a escola como o meio de conservar e ampliar seu domínio sobre a sociedade e sobre as novas gerações. Eles só apreciam o pensamento crítico enquanto ideal e esperam antes, de eruditos e professores, que obedeçam a um pensamento oficial, ainda que seja aquele dos "valores republicanos", como na França[15].

---

15. O Senado francês, predominantemente conservador, propôs, em outubro de 2020, uma emenda à lei do ensino superior estipulando que "as liberdades acadêmicas sejam exercidas com respeito aos valores da República", sem precisar o que se deveria exatamente entender por

O princípio liberal da divisão de poderes deve aplicar-se plenamente ao ensino e à pesquisa que, tanto quanto a justiça, devem permanecer independentes dos governos e de suas orientações partidárias. Essa independência pressupõe que primeiro seja eliminada a confusão entre "público" e "estatal". O "público" não deve se referir ao Estado como aparelho separado da sociedade, mas à própria sociedade. Quando se fala de "escola pública" ou "saúde pública", percebe-se muito pouco que, nessa expressão, "público" é absolutamente irredutível a "estatal". Uma escola é "pública", assim como os outros serviços "públicos", quando ela é organizada em vista da satisfação das necessidades da sociedade, não porque seja propriedade de um Estado ou esteja a serviço do governo. O financiamento do ensino público assim como da pesquisa pública deve ser assegurado pela coletividade como um todo, fruto de uma partilha da sociedade. Isso não autoriza o Estado, ou qualquer outra entidade pública arrecadadora de impostos, a definir a escolha das matérias que devem ser lecionadas, os métodos a implementar, a definição de competências ou os procedimentos de recrutamento. Ora, é precisamente isso que se passa quando a administração do Estado, conduzida pelo governo, interfere na direção do ensino. Trata-se de uma velha história, obviamente, o ensino do Estado não data de ontem: a administração que substituiu a Igreja, muitas vezes aliás tomando emprestado dela métodos, léxicos, estruturas e arquiteturas, nunca abandonou sua ambição de "governar os espíritos" nacionalizando-os. Quando esse domínio estatal

---

esta expressão, imprecisão que dava margem à arbitrariedade política. Perante os protestos do mundo acadêmico, a emenda foi retirada.

parecia ser implementado pela "boa causa" republicana no fim do século XIX, ou seja, contra o clericalismo opressivo e invasivo, os docentes consentiram. Desde então, o hábito de obedecer à administração do Estado foi adquirido no ensino primário e secundário, e arrisca estender-se ao ensino superior por diversos meios diretos e indiretos.

Isso suscita a questão de saber se o Estado dito "liberal", termo pelo qual deveríamos entender que é o protetor das liberdades do espírito, tem legitimamente o direito de se acreditar "soberano" em matéria de conhecimento e educação. Não deveria antes se "dessoberanizar" e se "desburocratizar", não para entregar as instituições de ensino aos apetites dos mercados, mas para fazer com que o sistema educacional disponha dos seus próprios meios de defesa institucionais contra os poderes estabelecidos que querem subjugá-lo, dentre os quais o poder burocrático do Estado?

Defender e estender a laicidade

Quanto às religiões, elas não disseram sua última palavra. São poucos os países cujo sistema educacional não esteja sob a influência mais ou menos difusa das religiões tradicionais. Nos Estados Unidos ou no Brasil, o criacionismo ainda é relevante, Darwin é por vezes proscrito nestes países, e a suposta "teoria de gênero" chega mesmo a ser frequentemente objeto de maldição. Conhecemos a pressão exercida na França sobre certos ensinos em nome do dogma religioso. E o que dizer dessas famílias que, se lhes fosse permitido, interviriam de bom grado no conteúdo dos ensinos e nos métodos em nome de suas particularidades sociais ou religiosas? Sem falar desses alunos, eles próprios sujeitos à influência do grupo dos pares, que gostariam de restringir a liberdade dos professores ou dos outros alunos quando uma afirmação os perturba em suas certezas. No entanto, a escola e a universidade modernas participam do grande projeto democrático de sociedades que não querem mais fazer com que seu direito dependa do dogma religioso. Castoriadis contrastou utilmente o projeto moderno de autonomia democrática com as diversas formas de heteronomia religiosa que dominaram a maioria das sociedades até agora. Mas esta oposição é "ideal-típica", ela não corresponde inteiramente à situação de nossas sociedades nas quais certos crentes ainda concedem ao direito divino uma superioridade sobre as leis humanas. A questão, portanto, permanece pertinente.

A laicidade "à francesa", por meio da lei de 1905, felizmente instaurou a separação entre as Igrejas e o Estado. Esta lei não faz guerra às Igrejas, ela pretende até mesmo respeitar seus "interesses". Acima de tudo, ela faz da liberdade de consciência das pessoas um princípio de direito intangível, como o indica o lugar que lhe é reservado em seu artigo primeiro. Ela é plenamente liberal, no verdadeiro sentido do termo. E esse liberalismo é um dos fundamentos de todas as formas possíveis de democracia. Aliás, não foi apenas a Terceira República que inventou esse princípio de laicidade e gratuidade. Seguindo os esforços neste sentido de Jean Macé à frente da Liga do ensino, sabemos que o mérito de sua primeira realização deve-se à comissão de ensino da Comuna de Paris dirigida por Édouard Vaillant, cuja comissão publicou, em 2 de abril de 1871, no *Diário Oficial*, um plano completo de ensino, que pode ser considerado como a base da educação democrática tal como a entendemos: "As casas de instrução e educação mantidas pela comuna ou pelo departamento ou pelo Estado devem estar abertas aos filhos de todos os membros da coletividade, quaisquer que sejam as crenças íntimas de cada um deles; que a instrução religiosa ou dogmática seja deixada inteiramente à iniciativa e à direção livre das famílias, e que ela seja imediata e radicalmente suprimida para ambos os sexos em todas as escolas e em todos os estabelecimentos cujas despesas sejam pagas com impostos; que essas casas de instrução e educação não contenham, nos locais expostos ao olhar dos alunos ou do público, nenhum objeto de culto, nenhuma imagem religiosa; que não se ensine ou pratique em comum nem orações, nem dogmas, nem nada que seja reservado à consciência individual; que aí se empregue exclusivamente o método experimental ou científico, aquele que sempre parte da observação dos fatos, qualquer que seja sua natureza, física, moral ou intelectual; que todas as questões do domínio religioso sejam completamente suprimidas em todos os concursos públicos e, principalmente, nos exames de habilitação; que finalmente as corporações de ensino só possam existir como estabelecimentos privados ou livres" (*Diário Oficial*, 2 abr. 1871; cf. Dupeyron, 2020).

Segundo este espírito de laicidade, evidentemente, nas instituições públicas, os professores, quaisquer que sejam as suas convicções pessoais, não devem atacar as religiões, fazer propaganda ateísta ou religiosa, ou incorrer em qualquer insulto contra crentes e dogmas, tampouco aliás devem servir--se do seu poder sobre as mentes para recrutar politicamente os alunos e os estudantes para uma determinada organização política. Esta é a condição para que a educação universal seja possível em uma sociedade onde frações significativas da população declaram uma fé religiosa e onde, felizmente, reina a pluralidade de opiniões políticas[16]. É permitido aos professores, enquanto cidadãos, criticar, fora da escola, todas as religiões, porquanto fossem aos seus olhos, por exemplo, o "ópio do povo", e lhes é igualmente permitido ter seus próprios engajamentos políticos na sociedade. É seu pleno direito, mas isso não pode fazer parte da educação laica. Por outro lado, deveria fazer parte dela o estudo objetivo das religiões compreendidas como fatos históricos e sociais. Ajudaria a compreender sua função simbólica, imaginária e moral nos diversos componentes da humanidade. Mas, em outro sentido, e isso não é suficientemente lembrado em face de eventuais pretensões religiosas, nada do que pertença à arte e à ciência deve ser proibido sob pretexto de que tal ensino ou tal obra feriria a "sensibilidade moral" ou a fé em um dogma qualquer. Entrar na escola da democracia é aceitar a superioridade do conhecimento positivo, das obras da imaginação e das leis humanas sobre os artigos da fé, é aceitar pensar por si mesmo e, portanto, praticar o questionamento racional estendido a toda ideia e toda opinião, é recusar o primado da crença em Deus nas coisas da inteligência e da criação. Não haveria educação democrática sem esta condição. Notemos que isso põe em causa a legitimidade do financiamento público do ensino privado de filiação religiosa[17]. Se, por um lado, o que se

---

16. O fato é que restringir a liberdade à "liberdade de consciência" deixa de lado a questão do livre exercício da crítica em um ensino privado predominantemente católico.

17. As "escolas livres", na sua maioria religiosas, continuam submetidas às autoridades eclesiásticas. A expressão oficialmente em uso em um país que se pretende laico como a França é um paradoxo, para não dizer uma contradição.

chama de princípio jurídico da "liberdade de ensino" pretende obedecer ao respeito ao pluralismo de crenças e à liberdade de consciência, por outro, ao consagrar o "separatismo" no ensino em bases religiosas, ele enfraquece e retarda o projeto democrático que postula a superioridade da autoinstituição da sociedade sobre a lei de Deus. É verdade que esse ensino privado tem frequentemente hoje, no plano sociológico, mais a ver com uma lógica de interesse do que de fé. A implementação dessa laicidade que abre a escola a todos, mas recusa qualquer subordinação ao dogma, exige uma habilidade dialética que deveria ser objeto de uma preparação explícita dos docentes. Essa tensão ineliminável na fase histórica em que nos encontramos só torna mais urgente a instauração de condições institucionais para a liberdade acadêmica. Docentes, pesquisadores, alunos e estudantes devem poder contar com uma firme defesa da liberdade acadêmica, cujos únicos limites procedem do direito e da moral, tal como estabelecidos em um país realmente democrático.

Será que a laicidade aplicada às coisas acadêmicas e científicas deve concernir apenas ao necessário distanciamento das religiões? Os conflitos abertos ou latentes com certas correntes político-religiosas que se dizem islâmicas, as quais na França cristalizam as paixões identitárias, não devem esconder a ameaça que a constante pressão dos meios econômicos impõe ao ensino e à pesquisa. Desde o fim do século XX, o sistema educacional tem se curvado cada vez mais às lógicas heterônomas do capitalismo. E essa dependência da economia não se deve apenas à pressão dos mercados, ela decorre das políticas de Estado. A "economia do conhecimento", o grande paradigma dos governos ocidentais, introduziu um aumento de controle em nome da prioridade conferida à finalidade econômica da formação e da pesquisa. Esse neoliberalismo educacional é agora assaz bem conhecido. Ele impõe normas de funcionamento que têm a ver com uma "gestão" de tipo empresarial, cujo efeito tem sido uma progressiva burocratização das profissões de investigação e ensino. Disso decorre toda uma série de consequências: o aumento e a multiplicação de tarefas, a pressão recorrente da avaliação e da concorrência entre estabelecimentos e, no ensino superior, a luta entre laboratórios para a obtenção de créditos orientados para projetos "pilotados" de cima. Esses efeitos reduziram a verdadeira autonomia dessas instituições e hipotecaram a relevância do conhecimento que deve ser, acima de tudo, "rentável para os mercados"[18]. E essa degradação da independência aumenta à medida que se estende a precariedade e a exploração do trabalho gratuito às quais estão submetidos um número cada vez maior de jovens pesquisadores e docentes na universidade.

Instituições de ensino verdadeiramente laicas devem manter uma distância crítica de todos os poderes estabelecidos. Condorcet deu o princípio: "O objetivo da educação já não pode ser consagrar as opiniões estabelecidas, mas, ao contrário, submetê-las ao livre exame de sucessivas gerações, sempre mais esclarecidas" (Condorcet, 1994, p. 86-87). Do mesmo modo, a educação deve ser protegida contra mentiras, sofismas e categorias oficiais do poder. Conquanto os grandes positivistas do século XIX quisessem atribuir à escola um "poder espiritual" que se assemelhava fortemente a um

---

18. Por uma mentalidade "orwelliana", o que chamamos de "autonomia institucional", e que é essencialmente de natureza gerencial e orçamentária, reforçou o poder das hierarquias e a submissão às finalidades capitalistas do ensino e da pesquisa.

poder do Estado "científico" sobre as mentes, seria necessário antes pensar as instituições de ensino como *contrapoderes*, no sentido preciso de que devem garantir a independência do conhecimento em relação a todos os poderes sociais, econômicos, religiosos ou políticos e assegurar o primado da observação dos fatos e da argumentação racional, em conformidade com os objetivos revolucionários da Comuna.

O imperativo de racionalidade

O ensino democrático deve ser "libertado de todos os entraves do privilégio assim como do dogma", deve ser um "ensino de razão e de esperança humana", explicava Jaurès. É necessário ainda que o racionalismo não se contente em recusar o dogma religioso, mas chegue a interrogar todas as mitologias, preconceitos e crenças que a opinião pública veicula, até o próprio culto da Razão. É o próprio cerne da cultura democrática, desde Condorcet, que queria, recordemo-lo, fazer com que a "razão seja popular". Nenhuma renúncia ao princípio da argumentação racional deve ser admitida, nomeadamente sob o pretexto da "diversidade cultural" e do respeito a convicções religiosas ou a "particularidades locais ou étnicas". É um erro pensar que uma escola democrática deva adaptar-se ao estado das opiniões, aos modos e aos costumes sob o pretexto de que são "populares". Este erro é simplesmente o inverso da escola aristocrática e burguesa, que, sob o pretexto de que as opiniões, os modos e os costumes das classes dominantes teriam sido os únicos legítimos, pretendia torná-los um modelo para todos. É necessário aqui seguir os ensinamentos epistêmicos das ciências sociais e históricas segundo os quais a racionalidade e a igualização social andam de mãos dadas, pois apenas a primeira pode pôr em questão as arbitrariedades culturais dos diferentes meios sociais. Não apenas, aliás, as arbitrariedades das classes dominantes, mas também, recusando-se a qualquer populismo pedagógico, as arbitrariedades das classes dominadas. Bachelard depois de Durkheim o lembrou: nunca é a adaptação às evidências que deve dirigir a educação, mas a distância, o recuo, a contradição: "Um experimento científico é um experimento que *contradiz* a experiência comum" (Bachelard, 1993, p. 10). A recusa do empirismo imediato é para Bachelard inerente ao espírito científico. Essa distância não deve ser confundida com o tipo de gratuidade ornamental atribuída à "cultura" das pessoas cultas, menos ainda com uma fuga ascética da realidade. É um recuo necessário destinado a considerar a realidade de maneira mais objetiva.

Essa exigência de racionalidade não quer dizer que a educação primária e a educação secundária devam ser o escoadouro, após inundação e infiltração, do conhecimento universitário, como se este detivesse uma espécie de monopólio absoluto da racionalidade. Basta considerar um conhecimento tão fundamental para a democracia como a economia política para compreender que esse conhecimento, em sua forma universitária dominante, pode ser regido por tamanhas ilusões ideológicas e por tamanha cegueira sistemática ao impacto ambiental dos modelos de crescimento, que é bom evitar transmiti-lo tal como se encontre, sem recuo crítico, para os outros níveis do sistema educacional. Racional significa antes de tudo que o ensino é crítico do senso comum, da opinião geral e das ilusões ideológicas que constituem outros tantos obstáculos ao conhecimento e ao "sentido do problema". Bachelard chega a dizer em uma célebre passagem dirigida aos pedagogos que "seria melhor uma ignorância completa do que um conhecimento desprovido de seu princípio fundamental" (Bachelard, 1993, p. 40). Como a história do conhecimento é feita de controvérsias, negações e superações, é vital para a escola democrática mostrar nos próprios conteúdos a dimensão dialética de uma evolução que só pode se desdobrar em um meio de liberdade e de partilha das aquisições de conhecimento. Essa educação racional deve desconfiar tanto da especulação sem fatos quanto dos fatos sem teoria. Em outros termos, é essencial que os alunos mais jovens tenham consciência da capacidade da mente de construir problemas propriamente teóricos, de estabelecer fatos distintos da realidade tal como a percebem, de comparar, conceituar e abstrair. A problematização e a teorização necessária para a construção dos fatos não são reservadas aos alunos mais velhos, por exemplo, aos alunos de filosofia do último ano. Elas devem estar presentes em todas as aprendizagens, desde a pré-escola até o ensino superior.

O princípio racional, no entanto, depara-se com dificuldades que se devem a preconceitos mais sutis e mais delicados de superar do que os da religião ou do costume. É o caso do individualismo moderno. Durkheim era particularmente sensível ao paradoxo de uma instituição dedicada a tornar os indivíduos conscientes de suas inscrições históricas e sociais em realidades que os ultrapassam, e que deve, ao mesmo tempo, respeitar o Indivíduo, o novo deus dos tempos modernos. O aluno não é sempre tentado a transmitir sua opinião, seu interesse, seu sentimento pela lei geral e pela verdade universal? Durkheim viu na filosofia kantiana a maneira de superar esse paradoxo: é fazendo sentir a dimensão racional e moral presente em cada aluno que se pode superar as derivas anômicas do utilitarismo e do egoísmo (cf. Laval, 2012). No entanto, ele inaugurou uma outra via, muito mais sociológica, quando mostrou que o grande defeito da educação, no plano epistemológico, era a promoção de um racionalismo simplista, ou de um atomismo racional, que ele remonta a Descartes. A ideia segundo a qual o real é sempre redutível ao átomo individual, notadamente ao indivíduo nas questões sociais, é profundamente destrutiva da socialização que o ensino busca realizar. Segundo Durkheim, o educador deve mostrar que nada é "simples" na ciência, que, no real, os corpos interagem incessantemente, modificam-se mutuamente, e que o todo é sempre mais do que a soma das partes (Durkheim, 1992, p. 224). O racionalismo deve fazer sua parte nas *relações* entre os elementos da realidade e nas interdependências entre os fenômenos. Em uma palavra, ele deve tornar-se plenamente relacional.

Finalmente, o princípio de razão é por vezes acusado de opor-se à pluralidade de culturas, e até mesmo de ser a máscara do Ocidente dominador. Admitiremos prontamente que existem formas de universalismo abstrato das quais devemos desconfiar, mas seria para tanto necessário recusar toda validade à objetivação científica, aos debates de interpretação, à discussão epistemológica? A pluralidade cultural e social é perfeitamente integrável em uma abordagem racional que objetive todos os pontos de vista possíveis, relacionando-os às posições ocupadas pelos seus defensores, à história das relações de poder entre culturas e entre grupos, e às lutas simbólicas entre as leituras do mundo.

Ciências sociais, política e democracia

A educação democrática deve dotar os cidadãos de meios de inteligibilidade do mundo e fornecer-lhes instrumentos de resistência às tendências antidemocráticas e anti-igualitárias inerentes às estruturas sociais e econômicas que herdamos. Ao lado dos preconceitos da opinião pública, de preconceitos de toda sorte, de dogmas religiosos, as instituições políticas, jurídicas, sociais e econômicas da sociedade devem ser objeto de um livre exame: trata-se mesmo do critério de uma sociedade democrática encorajar esse autoquestionamento dos futuros cidadãos.

A "política" nas instituições educacionais é debatida pelo menos desde a Revolução Francesa. Que a escola não seja uma "escola de formação" de um partido, isso é evidente em um país democrático, como lembramos acima. Mas isso não quer dizer que a escola deva ser "sem política"[19]. A "neutralidade" é confundida pelos conservadores com a repressão a qualquer reflexão política, como se fosse preciso recusar à escola tudo o que suscita debate no espaço público. Essa repressão dificilmente é compatível com a liberdade de pensamento na sociedade, com o direito eminentemente democrático de tudo questionar e de tudo discutir. Por medo de "doutrinação política", na realidade por medo da contestação, o Estado nunca verdadeiramente deixou espaço para tal reflexão organizada sobre as instituições, sobre os princípios políticos e morais e sobre suas traduções reais na sociedade. O mesmo se aplica à organização geral da

---

19. "Escola sem partido" ["école sans politique", no original] é um *slogan* da extrema direita brasileira que quer expulsar os professores de esquerda.

sociedade e aos seus princípios básicos. Surpreende, portanto, que a dimensão jurídica das relações sociais esteja tão pouco presente na educação na França. A questão jurídica e política do direito de propriedade, para citar apenas ela, não é objeto de um estudo acadêmico à altura do seu caráter fundamental. De maneira mais geral, o ensino das ciências sociais é especialmente necessário, uma vez que o debate público está saturado de referências à "ciência econômica", forma dominante do discurso com pretensão científica sobre a sociedade, mas também à estatística e à ciência política. Como é cada vez mais em nome da cientificidade que se governa, a ausência de formação nessas matérias submete os cidadãos às aparências científicas da dominação ideológica.

Enfim, esse ensino é indispensável para que as jovens gerações possam se situar no tempo histórico e no espaço social[20]. A democracia pressupõe que se compreenda que nem tudo depende somente da "personalidade" de cada pessoa, de seus desejos e seus dons, que agir em comum no seio das instituições é o grande motor da sociedade. A ciência social não impõe o fatalismo dos destinos quando mostra suficientemente os efeitos das atividades coletivas sobre as situações sociais. Ela é tanto mais valiosa para a formação individual quanto possa permitir, como observou Charles Wright Mills, "orientar o mal-estar pessoal para certas provas explícitas e transformar a indiferença das coletividades em tomada de consciência dos desafios coletivos" (Mills, 2015, p.7). Em outros termos, esse tipo de ensino, à semelhança de outros componentes das humanidades, favorece a articu-

---

20. Poderíamos nos reportar às análises e propostas de Bernard Lahire que vislumbram a introdução, desde os níveis elementares de ensino, de um estudo científico do mundo social (cf. Lahire, 2016).

lação das experiências biográficas dos indivíduos e de suas famílias com o movimento geral da sociedade. Esse ensino de ciências sociais, se for conduzido rigorosamente, só pode colidir com os interesses dominantes em uma sociedade desigual. O exemplo do ensino das "ciências econômicas e sociais" (CES) na França demonstra bem isso, uma vez que não cessou de conhecer uma normalização reivindicada pelos "meios econômicos" e imposta pelos poderes políticos e acadêmicos.

O espírito dessa disciplina, ao ser criada na segunda metade da década de 1960, estava condensado na fórmula "formação do cidadão". Esse objetivo da disciplina devia ser atingido por meio de métodos ativos que permitissem uma pluralidade de interpretações e discussões. Em outros termos: esperava-se que os liceais desenvolvessem uma abordagem ativa de aquisição de saberes por meio da reflexão pessoal e coletiva, pelo confronto de diferentes pontos de vista disciplinares (econômico, sociológico, político, demográfico, histórico) e, dentro desses diferentes campos, por meio da diversidade de orientações teóricas e ideológicas aí encontradas. Ora, toda a história da CES é marcada pelos ataques, muitas vezes extremamente violentos, da imprensa de direita, dos círculos patronais, dos *think tanks* neoliberais e das autoridades políticas. Aos poucos, malgrado a resistência dos professores mais engajados, a finalidade dessa "disciplina indisciplinada" tornou-se menos a "formação do cidadão" do que a preparação para o ensino superior, e sobretudo para o ensino de ciências econômicas onde domina ainda a versão mais dogmática da reflexão econômica.

Como reatar com o espírito de Condorcet?

A criação das CES foi feita sem referência ao "momento Condorcet", quando a ciência social foi considerada a "ciência do cidadão" por excelência. As *Cinco Memórias sobre a Instrução Pública* e o relatório e projeto de decreto sobre a Instrução Pública de 1792 propõem um ensino predominantemente científico transmitindo os conhecimentos com o mais alto grau de certeza (cf. Condorcet, 1994). Condorcet estava persuadido, com as melhores mentes de seu tempo, de que o progresso humano dependia do conhecimento mais exato que o homem pudesse ter de si mesmo e da sociedade. Conhecendo-se melhor, conhecendo melhor suas faculdades e seus direitos, o homem julgaria e agiria em conformidade com a consciência verdadeira que teria adquirido de si mesmo. Conhecendo-se a si mesmo, ele estimaria em si o homem livre e racional e quereria, sobretudo, defender sua dignidade de ser humano e de cidadão. Ele estabeleceria as instituições sociais e políticas segundo o nível dos conhecimentos que lhe assegurassem o pleno gozo dos seus direitos. Assim, ele poderia alcançar o autocontrole como a capacidade de exercer as funções públicas às quais cada cidadão poderia ser chamado.

A ciência social ocupa um lugar central no dispositivo escolar de Condorcet, juntamente com as ciências matemáticas e a física, e ela está presente, segundo uma progressão ponderada, em todos os níveis de ensino. Ela começa pelo conhecimento das faculdades do homem e de sua sensibilidade, prossegue pela primeira descoberta dos princípios morais, até o conhecimento dos direitos fundamentais. Depois, mas somente depois, poderão vir o estudo da legislação e da Constituição, a aritmética política, a economia política, a história e a geografia, a matemática aplicada às questões sociais e políticas. A instrução em matéria social é normativa: "Todas as disposições das leis, todas as operações administrativas, todos os meios, assim como todos os princípios" devem poder ser julgados por qualquer pessoa à luz dos direitos humanos, a verdadeira unidade de medida das instituições humanas.

Em muitos aspectos – a abordagem "jusnaturalista", a concepção da matemática social, e o estado mesmo dos saberes da sua época –, as propostas condorcetianas são muito do seu tempo. No entanto, elas guardam uma força sempre atual pela exigência de exame sistemático do que é ensinado. Ao contrário do cientificismo, nomeadamente daquele dos fisiocratas que pretendiam impor a todos a "ciência do soberano", uma verdadeira "ciência do cidadão" proíbe que as ciências de uma época possam pretender encerrar "a" verdade definitiva. É necessário, portanto, tomar infinitas precauções para que, nos métodos como na organização geral da escola, a liberdade de pensamento seja absolutamente respeitada, o que passa pela recusa a qualquer doutrinação política forçada. Uma escola pública que exercesse uma restrição ideológica em matéria de fatos sociais e que fizesse, por exemplo, das "leis do mercado" verdades indiscutíveis seria um instrumento de tirania, não de emancipação. O risco é de fato duplo: de que os ensinos sobre a sociedade tornem-se artigos de fé de uma "religião política", segundo a expressão de Condorcet; e de que os objetos que poderiam desagradar ao poder público, ou que ele quereria reservar a uma minoria, sejam excluídos.

Repensar a emancipação

A partir desse lembrete, podemos concluir que a ciência social deve dar a cada um os meios para compreender, julgar e transformar a organização da sociedade. Nesse sentido, ela está no cerne de uma educação emancipatória. É difícil ver hoje por que ela deveria ser reservada exclusivamente aos liceais, ainda por cima como disciplina opcional, e aos estudantes que escolhessem estudar um de seus ramos. Condorcet era menos temeroso, ou mais republicano, quando a fez começar nos níveis mais elementares de ensino. Mas o que quer dizer exatamente uma educação emancipatória hoje, na era do Antropoceno? De que então é preciso se emancipar quando se impõe um "novo regime climático" (Latour, 2015), segundo a fórmula de Bruno Latour? A emancipação humanista e progressista era concebida como libertação dos preconceitos e dos obscurantismos, e a emancipação socialista era a libertação das cadeias do trabalho assalariado e da opressão das classes dominantes e do seu Estado. Ora, a própria escola, como dissemos, está historicamente ligada ao tríplice fenômeno da revolução industrial, do Estado-nação e da democracia representativa. Em outros termos, a escola está atrelada ao paradigma moderno do progresso. Pode-se mesmo acrescentar que a grande massificação escolar do pós-guerra ocorreu precisamente no momento da grande "aceleração" industrial e extrativa que também levou à aceleração da atual crise climática. Essas concepções da emancipação são hoje aquisições, mas são incompletas. São necessários um novo pensamento emancipatório e uma nova reflexão sobre a autonomia democrática.

A entrada no Antropoceno renova os desafios da educação, como apontou o filósofo Dominique Bourg (cf. Wallenhorst, 2016, p. 151-160). Assim como exige um novo olhar sobre a economia e o consumo, ela exige a reconstrução de novos paradigmas educacionais levando em conta os ecossistemas e as temporalidades ecológicas no médio e longo prazos. Esses paradigmas concernem em primeiro lugar à "educação no mundo", e, mais precisamente, à necessária *descentralização* da relação dos humanos com o mundo. Tal consideração da biosfera e do limite ambiental introduz uma ética da responsabilidade e uma outra relação prática e intelectual com o futuro.

Dissemos acima que a educação só pode ser emancipatória se ela mesma for emancipada do pensamento de Estado. Este último introduz consideráveis efeitos de censura em todos os domínios, nomeadamente históricos, geográficos ou literários, porque não consegue livrar-se dos fundamentos místicos do Estado (cf. Dardot *et al.*, 2020). Um verdadeiro pensamento republicano – e esta é a lição de Condorcet – deve responder exclusivamente a partir da razão e de nenhuma "religião política". Mas a educação também deve emancipar-se do *paradigma capitalista* que dominou os conhecimentos ministrados na escola, organizados como estavam no espírito da especialização e da operacionalização prática da natureza. Pierre Charbonnier mostrou bem como há vários séculos, no Ocidente, a "emancipação", em suas diferentes versões, com algumas exceções quase libertárias, participava dessa crença na ligação íntima entre a "abundância" e a "liberdade" (Charbonnier, 2020). Libertar-se significava libertar-se das restrições da natureza, da escassez e da necessidade, aperfeiçoando incessantemente os meios de intervenção sobre o "ambiente". O Condorcet de *Esboço de um quadro histórico dos progressos do espírito huma-*

no é um dos protagonistas desse grande esquema histórico, que Saint-Simon, Comte e muitos outros nos legaram até os dias de hoje. Os próprios conhecimentos nunca foram conhecimentos "puros". Sua organização, sua divisão, seu vínculo institucional com o Estado e sua subordinação à indústria fizeram deles elementos de pleno direito de um sistema particular de dominação que concebeu a natureza como o conjunto dos espaços a serem conquistados e dos recursos a serem explorados, e a população como um conjunto de seres humanos a serem governados, monitorados, cuidados, formados e melhorados. Chegamos a uma época em que convém se emancipar de uma certa concepção de emancipação e de democracia, aquela fundada na exploração sem limites dos recursos naturais, na extração intensiva de energias e na instrumentalização da "máquina humana". Essa emancipação do antigo esquema da "emancipação *contra* a natureza" pressupõe a liberdade de repensar os saberes em sua relação com os poderes estabelecidos. Certamente não nos cabe definir o programa da recomposição geral dos saberes – aliás, está em debate em quase todo o mundo, sob o efeito dos modos de pensar ecológicos, feministas, decoloniais e pós-coloniais. Como indicamos acima, o atomismo, o individualismo e o antropocentrismo são hoje contestados, ao passo que está emergindo uma concepção relacional dos seres humanos, não somente nas suas relações uns com os outros, mas quanto ao seu lugar entre os seres vivos e na Terra. Não é a adição de uma nova matéria, ou mesmo de uma finalidade suplementar, à maneira de uma "educação para o desenvolvimento sustentável", que será suficiente. É de uma nova antropologia que estamos falando, que já não será fundada no desenraizamento do homem da natureza, mas na interação da atividade humana com os processos naturais, e que não mais se baseará na identidade nacional, mas no pertencimento a uma humanidade plural (cf. Wallenhorst *et al.*, 2019). Essa recomposição vai se deparar com resistências consideráveis, e já enfrenta o economicismo e o utilitarismo da educação neoliberal, esse grande contrassenso que hoje faz todo o sistema educacional regredir. Ela também enfrentará contradições internas igualmente consideráveis. No entanto, a longo prazo, este novo currículo terá consequências importantes, ainda amplamente imprevisíveis, sobre os conteúdos da educação. Pois se "a emancipação política deve hoje ser formulada em termos materiais, geográficos", como o escreve Pierre Charbonnier, tanto em escalas locais quanto globais e em períodos de tempo curtos e longos, segue-se que a educação política, que é um dos aspectos dessa emancipação, já não poderá ser concebida na indiferença à Terra e aos ciclos naturais (Charbonnier, 2020, p. 18). Este ponto foi particularmente desenvolvido por Michel Serres em *O contrato natural*: "Disso depende a Terra em sua totalidade, bem como a humanidade como um todo. A história global entra na natureza; a natureza global entra na história" (Serres, 2009, p. 40). A produção e a difusão do conhecimento científico têm aqui o seu lugar, mas no quadro de um novo "contrato". Nossa relação fundamental com os objetos, nos diz Michel Serres, não pode ser reduzida à guerra e à propriedade, mas deve abrir-se a uma nova relação de simbiose e reciprocidade com as coisas (Serres, 2009, p. 67).

Já não será possível pensar, sobretudo nas ciências sociais, que as relações sociais e políticas sejam destacáveis das relações com a natureza e possam ser estudadas "fora do solo". A questão dos *habitats* nos quais as pessoas habitam está se tornando central hoje, assim como aquela, aguda, dos limites à atividade humana no que diz respeito às condições de vida no planeta, sem falar das consequências da "grande aceleração" dos ritmos de vida, cada vez mais correlacionados com os tempos curtos da acumulação do capital[21]. Mais uma vez, impõe-se a absoluta necessidade de retirar do Estado e dos poderes capitalistas qualquer meio de entravar essa recomposição epistêmica e educacional vital para a democracia ecológica. Como uma educação sob a estreita dependência desses poderes poderia integrar os "direitos da natureza", quando já tem tanta dificuldade para estar no nível da Declaração Universal dos Direitos Humanos? Recompor os métodos de educação e reinventar a democracia na era da crise climática caminham juntos. A autonomia das sociedades não pode mais ser pensada apenas em sua relação conflituosa com as transcendências religiosas e as pretensiosas reivindicações de soberania dos príncipes, ela deve ser pensada relativamente à inserção da ação humana nos processos naturais dos quais as sociedades não podem se libertar como o acreditaram.

O direito à reflexão filosófica

Aqui novamente podemos ver quão preciosa é essa liberdade de pensamento que deve ser a regra em uma educação democrática. Ela é indispensável para preparar os futuros cidadãos para a discussão pública, tanto pela sua função crítica quanto pela sua função de imaginação de mundos

---

21. Para Harmut Rosa (2021), é a nossa "relação com o mundo" que deve ser completamente revista.

possíveis. Em um momento em que as categorias de pensamento herdadas estão hoje sendo abaladas pela crise do sistema-Terra, devemos esperar do pensamento um esforço redobrado para criar novas estruturas simbólicas e novos conceitos. Chegou a hora de ampliar a reflexão filosófica em todos os níveis de ensino e de esperar uma contribuição para a revolução dos paradigmas intelectuais e científicos.

De maneira geral, é importante em uma educação democrática conferir à disciplina filosófica um lugar bem mais extenso do que aquele que ela ocupa, por exemplo, hoje na França – onde, é verdade, ela tem a chance de existir como disciplina autônoma e obrigatória. Em vários países europeus, o ensino de filosofia está integrado em um "curso de moral", ou em uma educação para a cidadania, nomeadamente em algumas regiões espanholas. Em alguns estados alemães – Baviera, Baden-Württemberg, Sarre –, o curso de filosofia é oferecido como alternativa ao curso de religião. Essas orientações afastam da livre prática da reflexão que deve ser capaz de opor-se ao domínio das ortodoxias sobre os indivíduos. Se o ensino de filosofia confere a todo ensino um espírito de liberdade, ele pode desempenhar um papel mais específico tanto na recomposição epistêmica que mencionamos acima quanto na renovação da educação política do cidadão do mundo. Dentre outras, a questão ética e política da responsabilidade humana perante o mundo vivo e a Terra atinge hoje uma intensidade excepcional, e as diferentes respostas que lhe podemos trazer deveriam ser mais sistematicamente abordadas por meio das obras e dos conceitos dos maiores filósofos antigos e modernos. Da mesma forma, as questões de pertencimento, nacionalidade, identidade e comunidade não deveriam ser resolvidas a golpes de injunção política autoritária, mas deveriam tornar-se objeto de uma reflexão racional mobilizando um *corpus* filosófico já bastante abundante sobre o assunto. Quanto às grandes partições que organizam nossa relação com o mundo, como a oposição entre natureza e cultura, como não as submeter à interrogação de todos os jovens e menos jovens habitantes do planeta?

É, portanto, difícil ver por que continuaríamos a confinar a disciplina filosófica ao último ano do liceu, em posição de destaque, como o coroamento mítico de todas as outras disciplinas, e por que, desde a escola elementar até o fim dos estudos, inclusive os superiores, ela não constituiria uma dimensão constitutiva da educação democrática como um todo[22]. Mas quando dizemos "dimensão", podemos denotar duas coisas. Por um lado, como o observou Martha Nussbaum, uma "pedagogia socrática" em todas as disciplinas, o que pressupõe uma formação em questionamento filosófico de todos os professores (cf. Nussbaum, 2011, p. 63ss.). Por outro lado, "cursos de filosofia" que podem ser ampliados a todas as classes do liceu, e até mesmo do colégio e da escola elementar, em relação com as demais disciplinas, contribuindo tanto quanto pos-

---

22. Constatamos hoje o quanto o fracasso do projeto de ampliação do ensino de filosofia elaborado pelo Groupe de recherche sur l'enseignement philosophique (Greph) [Grupo de pesquisa sobre o ensino filosófico] liderado na década de 1970 por Jacques Derrida, entre outros, pesa fortemente no déficit de autorreflexão do sistema educacional sobre si mesmo e nas deficiências de uma educação crítica e política dos futuros cidadãos. O Greph pretendia não apenas resistir à liquidação do ensino de filosofia pela reforma Haby (1975), mas também trazia "propostas ofensivas" que consistiam em tornar a disciplina filosófica um ensino longo e progressivo, tal como as demais disciplinas, o que teria exigido uma reelaboração dos conteúdos e dos métodos (cf. Greph, 1977; e Derrida, 1990, p.172ss.).

sível para a unidade, a coerência e a progressividade da formação escolar. A necessidade de interdisciplinaridade ou transdisciplinaridade é muitas vezes invocada para evitar a fragmentação de um ensino que tem a tendência de seguir as linhas de demarcação das especializações e subespecializações científicas. Esses votos permanecem muitas vezes piedosos, e as aplicações por vezes irrefletidas e demasiado preliminares. Será que não é da competência da filosofia pensar as modalidades com as outras disciplinas a fim de superar a compartimentalização do "pensamento em silo", que têm sua parcela de responsabilidade na cegueira climática e nos desastres sociais e sanitários que vivenciamos? O ensino superior, onde essa divisão estrita se impõe, encontraria aí o suporte para uma necessária renovação do currículo, e até mesmo de uma reorganização dos percursos disciplinares. Pensamos nomeadamente no isolamento prejudicial da "ciência econômica" nos departamentos universitários. E será que não é papel crítico da reflexão filosófica ajudar os professores de todas as disciplinas, e isso desde a sua formação profissional, a trazer à luz as filosofias implícitas dos saberes que eles dispensam, as dimensões éticas que lhes são relacionadas, e mesmo as instituições às quais se referem, por exemplo, o Estado, o mercado ou a empresa, no que concerne ao exemplo da economia? E isso é tudo o fundo "produtivista" e "progressista" de um ensino que nasceu dentro das estruturas estatais e desenvolveu-se em conexão com a ascensão econômica do capitalismo que o pensamento filosófico, atravessando todo o ensino, deve questionar.

A Universidade Democrática, uma instituição realmente autônoma

As condições institucionais da educação do cidadão de amanhã e dessa necessária recomposição dos saberes devem ser reunidas no que chamamos aqui de *Universidade Democrática*. Condorcet pensava que, para evitar o controle de governos e igrejas sobre os saberes, era necessário confiar a função de supervisão do ensino como um todo às sociedades científicas, a fim de que apenas as "verdades mais prováveis" de uma época fossem ensinadas. Ele sustentou que essa "É única maneira de garantir que a instrução será regulada pelo progresso sucessivo do esclarecimento e não pelo interesse das classes poderosas da sociedade, e de privá-las da esperança de obter do preconceito aquilo que a lei lhes nega" (Condorcet, 1994, p. 170). Também para Kant, "só eruditos podem julgar eruditos enquanto tais". Na introdução à primeira seção de *O conflito das faculdades* (1794), Kant define a universidade como uma "espécie de república erudita" composta por todos os "professores públicos" nomeados nos diversos setores científicos. A universidade formaria assim um "corpo de eruditos" ao lado do qual poderia haver "eruditos livres" que não pertencem a esse corpo, mas que constituem certas corporações livres, denominadas *academias* ou *sociedades científicas*, ou então que vivem no "estado de natureza do saber" e ocupam-se, enquanto *amadores*, da ampliação ou da difusão do saber. Retenhamos, além dos traços de uma época passada e das diferenças entre esses autores, esta ideia tão importante: o conhecimento pertence a um espaço institucional que lhe é próprio, que tem suas regras, seus valores e sua ética.

Jacques Derrida foi um dos autores que melhor percebeu o atual processo histórico de *desrepublicanização* que a pesquisa e o ensino enfrentam. Ele respondeu com um *princípio de incondicionalidade* que define precisamente para ele o que deveria ser a "universidade sem condição": "Esta universidade exige e lhe deveria ser reconhecida em princípio, além do que se chama de liberdade acadêmica, uma liberdade *incondicional* de questionamento e de proposição, e até mesmo, aliás, o direito de dizer publicamente tudo o que uma pesquisa, um saber e um pensamento da *verdade* exigem" (Derrida, 2001, p. 11-12). Esta universidade deve ser, desde o presente, pelas próprias práticas de seus membros, o indispensável "lugar de resistência crítica – e mais do que crítica – a todos os poderes de apropriação dogmáticos e injustos" (Derrida, 2001, p. 14). Essa resistência incondicional "poderia opor a universidade a um grande número de poderes: aos poderes do Estado (e, portanto, aos poderes políticos do Estado-nação e à sua fantasia de soberania indivisível: em que a universidade seria de antemão não somente cosmopolítica, mas universal, estendendo-se assim para além da cidadania mundial e do Estado-nação em geral), aos poderes econômicos (às concentrações de capital nacional e internacional), aos poderes midiáticos, ideológicos, religiosos e culturais etc., em suma, a todos os poderes que limitam a democracia por vir" (Derrida, 2001, p. 16). A "universidade sem condição", no pensamento de Derrida, articula três dimensões: a resistência aos poderes; a universalidade de acesso; e o caráter cosmopolítico.

Definir assim o ensino e a pesquisa é postular uma condição fundamental da "democracia por vir" e engajar-se a promovê-la no campo dos saberes. Essa definição normativa, que faz da liberdade de pensamento uma condição da democracia, não deve concernir apenas ao ensino superior, mas a todos os níveis da educação. Porque todos esses ensinos devem ser protegidos dos poderes estabelecidos, como Condorcet bem compreendera. O que chamamos aqui de Universidade Democrática é uma instituição que preserva a liberdade acadêmica desde as escolas maternais até o ensino superior. Todos os docentes do serviço público de educação fazem parte dela. A ela estão ligados por sua formação inicial e permanente, pelos concursos em que passam e pelos títulos que lhes conferem o direito de lecionar, pela regulação interna das suas profissões e pela sua participação ativa no conhecimento[23]. Essa pertença de todos os professores e pesquisadores à Universidade Democrática não significa evidentemente que todos tenham que ministrar conferências em suas classes transformadas em cátedras, ou que tenham que transfundir, tal e qual, as últimas pesquisas de ponta por uma espécie de percolação do saber de cima para baixo. Tampouco se trata, do maternal às universidades, de adotar o mesmo método pedagógico. A pertença orgânica à Universidade Democrática garante a qualquer docente e a qualquer pesquisador que tudo pode ser interrogado e discutido, com a proteção e a legitimidade que os títulos e os estatutos que lhe são conferidos pela referida instituição lhe concedem.

---

23. Se quiséssemos conformar esta instituição ao artigo 27 da Declaração de 1948, que estipula o direito de todos de "participar do progresso científico", seria paradoxal excluir os professores.

Um livro comum de saberes

A Universidade Democrática não goza de nenhum monopólio do conhecimento. Ela não compreende somente os estabelecimentos escolares, universitários e científicos, mas pode incluir os lugares e instâncias produtores de saber (associações, sindicatos, canais de televisão educativa etc.), desde que respeitadas as regras e as missões. A Universidade Democrática não é propriedade apenas de professores e pesquisadores, e nada seria pior do que torná-la a cidadela do corporativismo docente. Sua função é tornar o conhecimento acessível a todos. Nenhuma restrição deve, de fato e de direito, proibir qualquer pessoa de acessar os saberes e produzir novos conhecimentos. As formações são abertas aos trabalhadores, aos aposentados e a todos os indivíduos que o desejarem[24]. Essa abertura não significa a mistura de todos os "públicos", mas sim a organização de tempos, lugares e métodos para que cada um possa ter acesso à formação que lhe convenha. Esse acesso não é condicionado por recursos, nascimento ou diplomas. Segue-se que o essencial do financiamento do ensino e da pesquisa deve ser assegurado pela coletividade como um todo, entendendo-se que a Universidade Democrática nada mais é do que um serviço público governado democraticamente, o qual só é viabilizado pelo compartilhamento dos recursos de toda a coletividade na forma de impostos. Cabe aos cidadãos e aos profissionais, juntos, dizer a quais necessidades sociais devem ser alocados os recursos comuns.

---

24. Essa é hoje a regra de certas instituições, por vezes prestigiosas, como o Collège de France, por exemplo.

Corre-se o risco de as instituições autônomas de ensino fecharem-se à sociedade e cultivarem uma autossegregação, que, no entanto, já não está na ordem do dia. O ideal de Kant e Condorcet concernia a um otimismo segundo o qual os saberes acarretavam *ipso facto* mais liberdade, mais bem--estar e mais prosperidade na sociedade por uma espécie de irradiação do progresso do conhecimento e da razão. Uma coisa é recusar a subordinação aos poderes estabelecidos, outra é fechar-se às "necessidades sociais de saber"[25] e à coconstrução coletiva dos saberes. Eximida das injunções dos poderes estabelecidos, a Universidade Democrática deve estar aberta aos cidadãos que desejam aprender e participar da produção do conhecimento. Essa abertura é tanto mais importante quanto, na era das tecnociências, rompe-se a equivalência entre ciência e bem-estar humano tal como se estabeleceu no século XVIII. Nada é mais urgente do que desenvolver espaços institucionais nos quais a discussão entre eruditos e cidadãos se desenvolva em toda liberdade, como aliás já começou a ser feito com as numerosas associações que aplicam o princípio de responsabilidade às pesquisas e aos seus resultados, tal como acontece nos fóruns ou nas convenções de cidadãos. Um duplo movimento é necessário aqui: a democratização mais avançada da cultura científica deve andar de mãos dadas com o controle democrático das finalidades e usos econômicos e políticos da ciência quando

---

25. Samuel Johsua resume com esta expressão a ideia-chave do discurso de Jaurès na Câmara de 21 de outubro de 1886 (cf. Johsua, 2003, p. 98-99). O discurso de Jaurès dizia o seguinte: "No dia em que os programas fossem controlados pela própria experiência dos filhos do povo, no dia em que os trabalhadores pudessem dizer o que mais os apoiava nas batalhas da vida, nesse dia teríamos programas mais bem adaptados às exigências, às necessidades da vida quotidiana" (*in* Jaurès, 2012, p. 68).

eles correm o risco de provocar uma degradação do meio ambiente, uma restrição de liberdades, ou uma ameaça à saúde ou aos vínculos sociais. Obviamente, essa "responsabilização" seria fonte das mais perigosas arbitrariedades se não fosse sustentada institucionalmente em fóruns abertos onde cientistas e cidadãos pudessem trocar publicamente seus argumentos e eventualmente, se necessário, estabelecer limites éticos a este ou àquele projeto de pesquisa ou a este ou àquele uso das descobertas. A imbricação da desmesura capitalista e da *libido sciendi* nas tecnociências levou-nos aos desastres ambientais e sociais que conhecemos. Trata-se agora de aliar conhecimento e democracia em novas bases, e de fazer da responsabilidade em relação à Terra e aos seres que a habitam um princípio de conduta tanto em matéria de pesquisa quanto de ensino.

Livres das pressões econômicas, das coerções burocráticas e dos controles hierárquicos que os transformam em engrenagens passivas do maquinário estatal dos saberes, os docentes de todos os níveis não devem, entretanto, ser entregues à própria sorte. Recuperar a dignidade e a liberdade da sua profissão será o efeito de uma participação ativa de todos os docentes nas atividades da Universidade Democrática, não como "usuários", mas como participantes do trabalho de conhecimento. Eles já não serão vistos como dóceis executores de diretrizes, programas e decretos. Ao envolvê-los direta e permanentemente na criação do conhecimento, a Universidade Democrática lhes oferecerá um ambiente estimulante de liberdade intelectual e cooperação profissional. Em suma, os dispositivos da Universidade Democrática devem envolver todos os docentes no grande movimento coletivo da criação de saberes, permitir-lhes disseminar por toda a sociedade o verdadeiro espírito científico e concretizar a concepção do conhecimento como bem comum. Acima de tudo, ela lhes proporcionará o quadro institucional indispensável para desenvolverem, por si próprios, práticas adequadas à educação dos cidadãos. Porque há uma contradição frequentemente ignorada: como poderiam professores sujeitos à hierarquia burocrática, sem verdadeira autonomia e sem criatividade coletiva, formar futuros cidadãos com espírito crítico desenvolvido, com gosto pela pesquisa e pela prática da cooperação? Cumpre aqui relembrar o preceito de Bachelard: "Suscitar e sobretudo manter um interesse vital na pesquisa desinteressada, não é esse o primeiro dever do educador, em qualquer etapa da formação?" (Bachelard, 1993, p. 9).

Esta participação na Universidade Democrática supõe obviamente condições e deveres. Primeiro, dispor do tempo necessário para essa participação e se beneficiar do reconhecimento de sua importância. Depois, poder contar com dispositivos concretos que fomentem a pesquisa cooperativa e a repartição crítica dos trabalhos. Hoje, muitos membros do ensino elementar e secundário estão engajados pessoalmente em trabalhos de pesquisa sem terem a menor ajuda e o menor reconhecimento de seus superiores, e sem tampouco, por conseguinte, sentirem a menor obrigação de defender essa pesquisa em seu local de trabalho e transmiti-la. Ao contrário da compartimentação atual dos "corpos docentes", deve-se implementar uma maior mobilidade entre os escalões e os níveis de ensino. As atividades coletivas de reflexão, formação e pesquisa não serão vividas como encargos suplementares se forem auto-organizadas pelo próprio meio, com a contribuição de sindicatos e associações profissionais cujo papel de animação intelectual deve ser reconhecido.

O conhecimento como bem comum mundial

A educação democrática do século XXI tem como bússola o ideal de uma república universal do conhecimento no momento do novo regime climático, tendo como horizonte uma nova cidadania mundial. Fazer do conhecimento um "bem comum dos cidadãos" já havia sido colocado como fim da educação pelo filósofo italiano Giambattista Vico, no começo do século XVIII. Trata-se agora de estender ao mundo este bem comum do conhecimento por meio da construção de uma federação mundial das instituições de ensino. Ela organizaria a solidariedade financeira entre países ricos e pobres por meio de um fundo mundial encarregado da perequação dos recursos. Sua tarefa seria fazer prevalecer, no plano internacional, a regra da cooperação entre pesquisadores e o livre acesso universal aos recursos intelectuais e científicos. A livre circulação de pesquisadores e estudantes, uma reinvenção moderna da *peregrinatio academica* da Idade Média (cf. Charle *et al.*, 2012, p. 57), bem como o compartilhamento internacional de conhecimento são indispensáveis em um momento em que os problemas da humanidade são, mais do que nunca, de dimensão mundial. Em suma, a Universidade Democrática teria por finalidade instituir *realmente* o conhecimento como bem comum mundial, ou seja, em conformidade com a definição latina da *res communis*, como uma "coisa inapropriável".

Pode-se objetar que esse projeto utópico tem hoje pouca base e que os sistemas educacionais estão profundamente enraizados nas realidades políticas, sociológicas e históricas nacionais. No entanto, basta considerar, em nível global, as muitas lutas no campo da educação nas últimas décadas para se dar conta de que a sua dimensão transnacional constitui o primeiro sinal de uma superação objetiva e subjetiva do quadro nacional. Grandes movimentos de estudantes, liceais, docentes e pesquisadores, nas últimas duas décadas, opuseram-se à transformação neoliberal da escola, da universidade e da pesquisa, que, em parte alguma, se faz na resignação. As mobilizações que ocorreram no Chile, na Grécia, na Grã-Bretanha, na Itália, na Croácia, na França e no Quebec, e em muitos outros países, fazem parte de um ciclo geral de lutas tanto contra o neoliberalismo quanto pela democracia real. Essas lutas seguem-se umas às outras no tempo e vêm em ondas. Tudo se passa como se elas fossem transmitidas de país a país em um revezamento simbólico. O sentimento de fazer parte de um movimento comum é bem simbolizado pelo "todos juntos" entoado em francês por jovens estudantes ingleses quando, em 2011, contestavam o aumento das taxas de matrícula na universidade. Reivindicando os valores de justiça, igualdade e solidariedade, todas essas mobilizações pretendem fazer da educação um "direito universal", o que implica recusar a transformação da educação em um mercado solvente[26]. A palavra de ordem dos liceais e estudantes chilenos, "Não ao lucro na educação" (*No al lucro en la educación*), em 2018 e 2019, está em toda parte. Sem dúvida, essas mobilizações,

---

26. O neoliberalismo colocou em questão o princípio fundamental da gratuidade da educação, que, no entanto, está consagrado no Pacto Internacional sobre Direitos Econômicos, Sociais e Culturais, adotado em Nova York em 16 de dezembro de 1966 pela Assembleia Geral das Nações Unidas.

desde o início do século XXI, deixaram trás de si uma certa frustração, pois nenhuma coordenação ou plataforma ainda lhes deu uma visibilidade internacional e lhes propôs um objetivo institucional global. O altermundialismo começou a elaborá-lo, mas, pela própria natureza dos fóruns sociais mundiais, ele não conseguiu ir além dos princípios gerais[27]. Está na hora de todos os atores das lutas transnacionais de hoje em dia refletirem sobre uma verdadeira política mundial dos saberes, e, mais precisamente, sobre uma *reinstituição do saber* em uma perspectiva cosmopolítica[28].

---

27. O texto altermundialista de maior sucesso é o escrito por Bernard Charlot e apresentado ao Fórum Mundial de Educação (FME), reunido em Porto Alegre de 24 a 27 de outubro de 2001. Charlot, 2001.

28. É nesta perspectiva que foi lançada em 2018 a iniciativa da Internacional do conhecimento para todos. Cf. seu apelo "A ciência para o maior número, não pelo dinheiro" (disponível em https://www.linternatio-naledessavoirspourtous.org).

2
A igualdade em educação

Qualquer política de igualdade real deve objetar teorias que justifiquem, de uma maneira ou de outra, a desigualdade educacional em nome de formas de inteligência, tradições culturais, gênero, liberdade das famílias etc. Conter os fenômenos inigualitários que hoje fraturam o sistema escolar, e igualizar as condições concretas de educação nas famílias e entre os estabelecimentos, são questões intimamente ligadas ao futuro da sociedade. Deixar como está uma sociedade cada vez mais hierarquizada, desigual, sujeita à competição permanente, submetida aos imperativos de valorização próprios do capitalismo, condena as instituições de ensino a alinharem-se a esse modelo dominante e a tornarem-se cada vez mais alheias aos interesses das classes populares e às urgências ecológicas que preocupam toda a humanidade. É preciso romper de forma igualmente radical com qualquer propaganda oficial que nos queira convencer de que a igualdade perante a educação e os saberes já é uma realidade, quando todos os fatos mostram que as desigualdades de classe e a discriminações étnicas estão fragmentando cada vez mais o sistema educacional. Não basta decretar a igualdade, é preciso realizá-la, e isso passa pelo abandono da negação à qual governantes e ideólogos demasiado frequentemente se apegam. Estamos aqui seguindo os passos de todos os educadores e pesquisadores que trabalham na criação de uma escola da igualdade, que alguns chamam pelo bem escolhido nome de *escola comum*[29].

A pergunta que devemos responder é, portanto, esta: quais são as *condições concretas* que todos os indivíduos de uma sociedade democrática e ecológica devem desfrutar para estarem em condições de terem acesso a uma cultura comum de alto nível? Recordamos na introdução que a questão escolar é uma questão social. Cumpre precisar que ela o é tanto mais quanto as desigualdades formam um sistema, reforçando-se e acumulando-se. Nenhum aspecto da desigualdade social é isolável dos demais. Como o demonstram Alain Bihr e Roland Pfefferkorn (Bihr *et al.*, 2008), as desigualdades são *multidimensionais*: praticamente são sempre as mesmas pessoas que, qualquer que seja o domínio da existência social, estão abaixo ou acima da média ou da mediana. Sem dúvida, nem todas as desigualdades são de "classe". Existem desigualdades entre homens e mulheres, entre gerações, em função da origem étnica ou cultural, da crença religiosa e do lugar de residência. Mas o que estrutura mais profundamente a nossa sociedade é um *sistema de classes* tal que as desigualdades na ordem do ter, do

---

29. O Grupo de pesquisa sobre a democratização escolar (GRDS [Groupe de recherche sur la démocratisation scolaire]) propôs a noção de *escola comum* para designar uma escola sem seleção, sem orientação de carreira e sem repetência. Ela acolheria todos os alunos em um tronco comum do *haut niveau scolaire* [alto nível escolar: os quatro últimos anos do ensino fundamental, na França] até a atual *classe de première* [segundo ano do liceu]. A atenção dada às condições de ingresso e ao domínio da cultura escrita, bem como a prioridade dada à reabsorção metódica e ordenada do fracasso escolar caracterizariam a escola comum.

saber e do poder estão ligadas umas às outras pela posição ocupada nesse sistema.

As desigualdades escolares dependem tanto da estrutura das posições sociais quanto da relação mais ou menos distanciada que os membros das classes sociais mantêm com a instituição escolar e com o saber. O modelo escandinavo é frequentemente mencionado para enfatizar que não há determinismo absoluto entre as estruturas sociais e a hierarquia escolar (cf. Terrail, 2008). Essa afirmação, um útil lembrete contra um certo tipo de causalismo mecânico, não invalida o nosso ponto de vista. Em uma dada sociedade, a correlação entre o nível de igualdade social, o grau de homogeneidade cultural e os resultados globais da escola é muito forte[30]. O destino dos indivíduos é massivamente condicionado pela sua classe de origem, e essa dependência da origem social, longe de diminuir, agrava-se com a fragmentação social dos territórios e dos estabelecimentos.

Pobreza e educação

As imagens de estudantes fazendo fila em frente aos locais de distribuição de refeições gratuitas durante a pandemia de covid-19 podem ter chocado quem desconhece a realidade da condição estudantil. Elas revelaram as situações muitas vezes miseráveis em que vivem alunos e estudantes dos meios populares. Também pudemos nos dar conta das consequências de moradias apertadas e superlotadas quando

---

30. Cf. Langouët, 2014. É verdade que, por outro lado, um menor grau de desigualdade dentro de uma sociedade permite amortecer os efeitos de estruturas escolares mais desiguais do que em outros lugares. Para François Dubet, Marie Duru-Bellat e Antoine Vérétout, este é o caso da Alemanha (Dubet *et al.*, 2010).

os alunos confinados em suas casas tentaram acompanhar seus cursos pela *internet*. Como um espelho de aumento, a crise sanitária mostrou uma crise ainda mais crônica, a da pobreza nos meios escolares e universitários. Sabemos o quanto as famílias da classe trabalhadora enfrentam enormes dificuldades quando precisam financiar estudos que estão longe de serem gratuitos, e o quanto os biscates precários dos estudantes, cujos rendimentos são muitas vezes sugados rapidamente por proprietários inescrupulosos, prejudicam o sucesso acadêmico. A realidade da pobreza afeta toda a escolaridade. O recente dossiê do UNICEF publicado *online* em 2020[31] estabelece que na França uma criança em cada cinco vive abaixo da linha da pobreza, o que representa quase 3 milhões de crianças em situação de pobreza. A Inspeção dos Assuntos Sociais e o Observatório das Desigualdades concordam que mais de 20% dos estudantes na França vivem abaixo da linha da pobreza. A precariedade da vida e a precariedade escolar alimentam-se mutuamente (cf. Bourgarel, 1994; e Pair, 1998). A preocupação onipresente com a sobrevivência torna difícil o interesse e o investimento dos alunos e de suas famílias na cultura escolar. O aspecto material da questão não deve ser negligenciado, na medida em que a escola nunca é totalmente gratuita. Se os custos ocasionados pelo trabalho escolar (textos para trabalhos dirigidos, equipamentos para a educação física, livros de bolso para o francês, materiais diversos para a fabricação de objetos tecnológicos, deslocamentos e visitas, viagem de fim de ano etc.) podem parecer despesas suportáveis para muitos,

---

31. UNICEF, dossiê "Pobreza infantil na França", em https://www.unicef.fr/dossier/enfants-pauvres

isso está longe de ser o caso para famílias em situação de grande pobreza. Somam-se a isso as exigências da escola em termos de acompanhamento do trabalho escolar, por vezes desmesuradas em relação à vida de certas famílias. Trata-se amiúde de uma missão impossível: muitos pais não têm meios culturais para ajudar as crianças a "fazer o dever de casa" ou para explicar uma lição. Eles tampouco têm meios para pagar por aulas de reforço no muito lucrativo mercado do apoio escolar (cf. Lehoux, 2018). Disso às vezes resulta, por parte dos pais, um medo da escola, o receio de um julgamento negativo, a culpa por não poder evitar uma relegação de seu filho a um "estabelecimento mais adequado ao seu caso". A pobreza alimenta assim o retraimento e o sentimento de injustiça porque a escola "faz distinção entre as crianças". Como Manuel de Queiroz já há muito o notava, o efeito desta inferiorização das famílias é terrível: "O resultado é um comportamento defensivo. Enquanto para [outros] pais, uma linha passa entre os adultos, de um lado, formando um conjunto educacional, e as crianças, do outro, que são objeto de cuidados comuns, aqui reaparecerá constantemente uma linha que passa entre de um lado os docentes e do outro lado pais e filhos formando um bloco" (Queiroz, 1982).

O atual sistema de bolsas e ajudas pontuais hauridos de fundos sociais de estabelecimento é inadequado e aleatório[32]. Em tempos de desemprego e precariedade estrutural, a relativa fragilidade das verbas alocadas deixa para trás uma massa crescente de famílias que não atendem ou deixaram

---

32. O que está em questão aqui não é, obviamente, o trabalho dos assistentes sociais que fazem o melhor que podem com os fundos de que dispõem e as regulamentações que devem seguir.

de atender aos critérios impostos. Aos quais se somam, para a instrução dos dossiês, procedimentos pesados, burocráticos, repetitivos e incertos, o que torna ainda mais difícil qualquer projeção de futuro. O peso determinante da situação material demanda que se aja sem demora em prol de uma renda suficiente para todas as famílias e de uma renda universal de estudos, qualquer que seja a sua forma para alunos e estudantes. É assim que, na Dinamarca, todos os estudantes já recebem uma bolsa de cerca de 800 euros por mês durante toda a duração de seus estudos, sob a única condição de seguirem uma formação universitária.

Existe um debate entre as organizações sindicais estudantis quanto às soluções mais justas socialmente e mais perenes. A alocação de autonomia financiada pelo imposto é uma das principais reivindicações da Unef [União Nacional dos Estudantes da França]. Ela deveria ser universal e concedida a qualquer pessoa em contrapartida de um projeto de formação. O sindicato Solidaires Étudiant-e-s propõe um salário social acessível a todos os jovens. Inspira-se nas teses de Bernard Friot sobre o "salário para a qualificação" ou "salário vitalício", financiado por meio das contribuições previdenciárias[33]. O Solidaires Étudiant-e-s considera que o sistema atual se baseia em um princípio de assistência socialmente injusto e desnecessariamente complexo, e que

---

33. "Consideramos os alunos como trabalhadores em período de formação. Sendo esta formação, ao seu termo, útil para o conjunto da sociedade, lutamos pelo reconhecimento institucional, político e social de um estatuto de pleno direito: salário socializado, direitos sindicais, direito à mesma proteção social que os outros trabalhadores e direito de greve; assim como pelo acesso de todos os trabalhadores a uma formação pública e gratuita ao longo da vida." Carta do Solidaires Étudiant-e-s – Sindicatos de Lutas.

é preciso considerar os alunos como trabalhadores em formação que têm direito a uma remuneração.

As falsas respostas à desigualdade

Há um aspecto das políticas educacionais que leva à sua impotência. Incapazes de partir da realidade social em sua totalidade, elas se condenam às respostas parciais e superficiais. As "soluções" oferecidas pelas políticas educacionais têm o defeito de não levar em conta todas as interdependências entre situação econômica, posição social, local de residência e condições de escolarização, sem as quais elas dificilmente podem "resolver os problemas escolares". Subtraindo destes as suas dimensões sociológicas e políticas, elas muitas vezes decorrem de concepções psicológicas que veem no "comportamento de risco" e no "abandono escolar", como aliás nos sucessos, apenas fenômenos individuais. A psicologização e a medicalização tornam-se modos "normais" de lidar com as "dificuldades escolares". Paralelamente, a instituição de ensino é chamada a integrar-se em uma abordagem focada na segurança, que se traduz, por exemplo, nas trocas sistemáticas de notificações entre os serviços policiais, judiciais e escolares. Essa individualização dos "problemas" fomenta medos sociais e remédios demagógicos, ao mesmo tempo que reforça a interpretação neoliberal da missão da escola como "inserção social e profissional" e "formação para a empregabilidade" (cf. Vergne, 2001; Barnier *et al.*, 2014). A instituição escolar torna-se então a via expressa para as empresas privadas e os serviços de emprego segundo um *continuum institucional* marcado pelo disciplinamento das camadas mais precarizadas da população. A crise social e econômica que atinge principalmente essas categorias torna, de qualquer maneira, tal política ineficaz, e não faz mais do que deslocar os problemas da escola para a rua ao exigir medidas repressivas.

Nesse contexto degradado, as falsas soluções se multiplicam, se contrariam ou se sobrepõem: elevação e reforço dos muros da escola, multiplicação de portões de segurança e de vigias capazes de repelir a "invasão dos bárbaros". A esta "solução focada na segurança" junta-se um moralismo abstrato feito de fórmulas constantemente matracadas (ordem republicana, valores republicanos, laicidade) que pervertem os sentidos das palavras e dificilmente enganam acerca do seu papel ideológico. A solução dita "pedagógica", que consiste em pacificar a relação entre professores e alunos, pode parecer mais "realista", mas ela muito frequentemente corre o risco de suscitar uma renúncia à aprendizagem e um aumento das desigualdades. Quanto ao "elitismo republicano", que consiste em permitir que uma minoria de alunos merecedores tenha acesso a carreiras e formações muito seletivos (aulas preparatórias, grandes escolas etc.), ele tem por princípio considerar a desigualdade escolar o resultado de uma soma de casos individuais, e não pode de forma alguma responder a uma característica geral dos sistemas educacionais nas sociedades desiguais.

Por um conhecimento sociológico dos destinos escolares

Acolher mais crianças e jovens, e durante um maior período de tempo, no sistema educacional não basta para se falar em "democratização", como observamos na introdução. É preciso mudar a maneira de pensar para agir de forma diferente e, para isso, é preciso pensar em conjunto os determinantes sociais, políticos e cognitivos que obstaculizam a real igualização das condições de ensino e aprendizagem na escola. Essa igualização só pode progredir se houver um reconhecimento da realidade das classes sociais e de todas as formas de desigualdade na sociedade. É exatamente isso que os governos conservadores se recusam a fazer, reduzindo os problemas de aprendizagem a uma abordagem psicologizante, a qual encontra um novo impulso com a aplicação das neurociências à educação (Blay *et al.*, 2019). As neurociências, ao afirmarem dotar a pedagogia de um embasamento científico, pretendem ter a receita da igualdade em matéria de política escolar. O discurso oficial que acompanha essa estratégia ataca de forma virulenta uma sociologia excessivamente determinista que, por seu fatalismo, determinaria ela mesma o fracasso escolar das crianças das classes populares[34]. Contrariamente a esse psicologismo, o primeiro passo a ser dado, na formação de docentes e demais profissionais da educação, é acabar com a "indiferença às diferenças", segundo uma famosa fórmula bourdieusiana. Contra a negação das desigualdades e das discriminações, uma verdadeira política de igualdade passa pelo conhecimento das dimensões sociais e políticas da ação educativa. Concretamente, é urgente colocar a sociologia da educação no programa da formação inicial e contínua de todos os professores, qualquer que seja o nível de ensino em que atuem e sua respectiva disciplina, destacando-se de

---

34. O obscurantismo em matéria sociológica nunca foi mais bem revelado do que nas palavras do Ministro Jean-Michel Blanquer denunciando um "pessimismo de princípio" da sociologia francesa (*in* Blanquer *et al.*, 2020). Cf. a crítica de Claude Lelièvre, Misère de misère, Blanquer rend Bourdieu responsable!, *Mediapart*, 6 fev. 2020 (disponível em https://blogs.mediapart.fr).

uma interpretação demasiado estreita ou demasiado fatalista da "reprodução" (cf. Lahire, 2016). Só esta formação sociológica permitiria pôr em causa todos os preconceitos arcaicos que ainda sobrecarregam demasiadamente as instituições escolares, segundo os quais o "sucesso escolar" seria sobretudo o resultado de uma "vontade", de um "mérito" ou de um "talento" exclusivamente pessoais.

Para tomar apenas este exemplo, convém romper com o tratamento da dificuldade acadêmica em termos que tendam a essencializar uma categoria de alunos fadados ao fracasso (os "desistentes"). Seria melhor pensar na situação dos alunos em "dificuldades" como um aspecto particular da "desfiliação social", para retomar o útil conceito desenvolvido pelo sociólogo Robert Castel. Com efeito, importa ligar essa "desfiliação escolar" à lógica mais geral da exclusão social e aos fenômenos de ruptura dos diferentes vínculos susceptíveis de ligar o indivíduo à sociedade: laços de parentesco, de trabalho, de vida associativa, de amizade, de atividades esportivas e culturais etc. A "desfiliação escolar" é um processo social de erosão dos vínculos com a instituição e das identidades que se constituem na experiência da escolarização. A "afiliação escolar", ao contrário, é produzida pelos múltiplos vínculos com a instituição escolar (regras, cultura, linguagem, professores, pares, saberes ensinados) que sustentam uma adesão a valores e mantêm uma esperança de resultados. Conviria, portanto, atuar sobre esses determinantes relacionais e institucionais para criar as condições básicas para o ensino e, por exemplo, fazer cessar a fragmentação do grupo-classe, consequência das reformas do currículo escolar impulsionadas pela preocupação em individualizar ao máximo a formação, à imitação dos percursos universitários. Esse enfraquecimento do coletivo escolar, que não deixa de assemelhar-se aos fenômenos de fragmentação do mesmo tipo no mundo do trabalho, é um completo contrassenso quando deveria tratar-se, muito pelo contrário, de criar solidariedades positivas e desenvolver práticas cooperativas entre os alunos.

Agir sobre o quadro econômico, social e cultural das famílias

Como uma criança ou jovem poderia ter as mesmas possibilidades objetivas de sucesso escolar se não dispõe em casa dos múltiplos recursos necessários para o seu engajamento escolar e para os resultados que dele podem decorrer? Como subjetivamente tal criança ou tal jovem poderia imaginar ter acesso a posições e bens nos quais sua família não tem nenhuma participação? A grande pesquisa de Bernard Lahire e sua equipe sobre a gênese das desigualdades escolares permite estabelecer um sistema de comparações entre as situações familiares e sociais vivenciadas por crianças do fim do maternal. O sociólogo quer "fazer com que se sinta, tanto quanto com que se entenda, que essas crianças, que estão todas no fim da escola maternal, na mesma época, na mesma sociedade, não vivenciam, de forma alguma, as mesmas realidades. Perceber as desigualdades desde a infância é uma maneira de apreender a infância das desigualdades, no sentido de sua gênese na fabricação social dos indivíduos" (Lahire, 2019). Dessa abundante coleção de dados qualitativos decorre que a ação em favor da igualdade escolar não pode, de maneira alguma, deter-se nas fronteiras da escola. As crianças e os jovens socializados em famílias muito diferentes têm uma tendência a "importar" esses diferentes modos de socialização familiar para a classe e para suas relações com os professores. O efeito na produção das desigualdades escolares das condições de vida, do espaço disponível na moradia, da qualidade do ambiente, dos capitais culturais e econômicos da família, da proximidade ou do distanciamento dos pais em relação à escola, das práticas pedagógicas intrafamiliares e da relação com a cultura legítima é tal que é por meio de uma *ação igualitária geral e massiva* que as disparidades escolares podem ser reduzidas, sobretudo se pensarmos na inevitável inércia própria dos fenômenos de reprodução entre gerações. A lição sociológica une a posição política fundamental de Jaurès e do socialismo histórico: somente uma igualização muito poderosa das condições sociais e econômicas poderia, ao diminuir a discrepância das condições materiais e culturais entre as classes, diminuir as desigualdades escolares. O que o estudo de Lahire mostra mais especificamente, em um momento em que as políticas neoliberais agravaram muito significativamente as condições de vida e as perspectivas futuras das camadas populares, é que a construção de um quadro social e de condições econômicas estáveis em benefício das famílias é a condição primordial para a afiliação escolar das crianças oriundas dos meios populares. Uma política de igualdade deve desempenhar igualmente sobre as condições de enquadramento do trabalho escolar no espaço familiar e sobre a socialização cultural das crianças e dos jovens. Não pode deixar apenas as famílias com forte capital acadêmico e cultural desenvolver formas pedagógicas que predisponham as crianças a atender às expectativas escolares. O que as "famílias pedagógicas" das classes média e alta obtêm para a sua prole, estruturas *ad hoc* com pessoal qualificado e de alto nível, deve ser proporcionado a todos os jovens. O acompanhamento escolar gratuito dos alunos que necessitem, depois da escola, nas férias e mesmo nos finais de semana deve ser concebido como um novo serviço público indispensável para a igualização escolar. O ambiente cultural, lúdico e desportivo das crianças é uma outra condição para a sua abertura a outros horizontes sociais. Associações desportivas, bibliotecas, midiatecas, centros ao ar livre e colônias de férias, *fab labs* e cooperativas juniores, tais instituições culturais e atividades não escolares têm uma função de sustentação da escola, atuando nomeadamente no desenvolvimento das competências linguísticas em interação com os adultos graças aos "jogos de linguagem" tão pedagogicamente importantes para escola pela reflexividade que eles permitem. Ao oferecer a todas as crianças e a todos os jovens oportunidades de socialização cultural de qualidade, essa política das condições de vida e de trabalho poderia, ao reinventá-las, reatar com o melhor das realizações da Frente Popular. Uma política de igualdade escolar é inseparável de uma política de igualdade dos *habitats*, assim como de uma política de igualdade das condições sociais e culturais das crianças e dos jovens.

A luta pela igualdade escolar deve envolver todas as famílias da maneira mais direta possível. Se a escola deve ser "aberta" às famílias, ela deve sobretudo envolvê-las na sua defesa, no seu aperfeiçoamento e no seu autogoverno. É primordial que a instituição educacional deixe de ser considerada pelos pais como um lugar estrangeiro, em face do qual eles não teriam nenhum direito e nenhum dever. Essa participação das famílias é essencial se quisermos desenvolver nas famílias uma relação positiva em relação à escola e uma atitude educativa relativamente comum entre elas. As regras familiares, a relação com a autoridade, a conduta que deve ser adotada em relação às telas e às redes sociais, o controle da sociabilidade da criança e do adolescente, tudo isso deve poder ser discutido regularmente em conjunto pelos pais de alunos e professores. Dito de outra forma, é importante, em conexão com as associações de pais, promover uma *cultura educativa comum* entre as famílias.

Se a relação das famílias com o saber é uma questão crucial para qualquer política de igualdade escolar, há que ter presente que a formação cultural dos adultos é uma questão importante na igualização das condições de educação das crianças e dos jovens. Ora, essa formação tem sido ao mesmo tempo negligenciada e subordinada à divisão capitalista do trabalho que leva a privilegiar a produtividade diferencial dos indivíduos sobre qualquer outro efeito que se possa esperar da formação. Em 2011, a França contava 2,5 milhões de pessoas entre 18 e 65 anos consideradas "analfabetas"[35]. O tempo de vida e os ritmos de trabalho dos operários e dos empregados dificilmente oferecem qualquer possibilidade verdadeira de educação cultural permanente. A formação profissional, mesmo a mais técnica, beneficia em primeiro lugar os mais diplomados, e, quando ela se volta para os trabalhadores de exe-

---

35. De acordo com uma pesquisa do Insee, "em 2011, 16% das pessoas de 18 a 65 anos residentes na França metropolitana tiveram dificuldades nos domínios fundamentais da escrita, e para 11% essas dificuldades foram graves ou fortes. Entre aqueles que foram escolarizados na França, 7% estão neste caso e podem, portanto, ser considerados em situação de analfabetismo, em comparação com 9% em 2004" (Nicolas Jonas, Pour les générations les plus récentes, les difficultés des adultes diminuent à l'écrit, mais augmentent en calcul, *Insee Première*, n. 1426, dez. 2012).

cução, ela concentra-se em aumentos de qualificação que ficam no âmbito estritamente profissional. A vida econômica regida pela lei da rentabilidade não deixa, portanto, verdadeiramente espaço para a correção das desigualdades culturais iniciais na saída do sistema escolar. O ideal da "sociedade do saber" e da "formação durante toda a vida" promovido pelas grandes organizações internacionais de filiação neoliberal continua sendo uma bela, mas triste mentira. O ato constitutivo da Unesco, que pedia aos Estados membros que "imprimissem um impulso vigoroso à educação popular e à difusão da cultura", permaneceu letra morta. A política de igualdade escolar depende em grande medida da melhoria das condições de trabalho e de vida da maioria da população, nomeadamente no que diz respeito ao tempo de vida fora do trabalho. Somente uma redução drástica do tempo de trabalho em todas as escalas (dia, semana, mês, ano, vida) permitiria a implementação dessa igualização cultural ao longo de toda a vida. Mas seria errado pensar que a formação cultural da grande massa da população possa aperar-se espontaneamente sem uma estrutura de acolhimento, sem um quadro coletivo e sem um programa. Contar apenas com as possibilidades de acesso à *Internet* ou com as curiosidades episódicas dos indivíduos pelas "jornadas do patrimônio" ou pelas grandes comemorações é ignorar a necessidade de "comunidades educacionais", locais e tempos institucionais de formação, mas também atividades coletivas no âmbito da educação popular sob suas múltiplas formas. Certos movimentos sociais na América Latina, muito inspirados na "pedagogia do oprimido" de Paulo Freire, como o "Movimento dos Sem Terra" no Brasil, os "Bairros em

Pé" na Argentina, ou as "Caravanas Pedagógicas" na Colômbia, vinculam educação, convívio social e capacidade autônoma dos participantes, e mostram como grupos de cidadãos e assembleias de trabalhadores podem se instituir como sujeitos de sua própria história fora do Estado e do mercado[36]. Convém, nesse espírito, oferecer a todos os adultos a possibilidade de prosseguir gratuitamente os estudos, segundo uma progressão regular e racional ao longo do tempo. Não se trata de reproduzir o que já existe sob a forma dessas "universidades abertas", da "terceira idade", da "cultura permanente", nem mesmo das "universidades populares", todas estruturas que têm seu interesse, mas também a particularidade prejudicial hoje em dia de serem muitas vezes incompatíveis com a organização atual da vida dos trabalhadores e de atrair sobretudo pessoas aposentadas ou desempregadas. Em vez disso, imaginamos instituições culturais autogeridas que se beneficiariam de todos os recursos humanos e intelectuais das instituições de ensino e teriam por objeto atender aos interesses e necessidades culturais de habitantes e trabalhadores. Oficinas de história, sociologia, ciências da terra, literatura, filosofia, física e de muitos outros domínios ainda, co-organizadas por cidadãos voluntários, docentes e estudantes, podem servir aqui de pontes entre o sistema de ensino e a sociedade, não aliás em um espírito de "divulgação", mas com vistas a uma coconstrução dos saberes. Quanto à relação da população com as instituições de ensino, não vemos porque continuaríamos a reservar seu o acesso aos jovens. Não sabemos o suficiente que

---

36. Cf. a seção "A igualdade, o sentido e o sujeito do conhecimento" mais adiante neste capítulo.

os conhecimentos se renovam e que com o tempo desaprendemos? A abertura a todos, e de forma gratuita, dos cursos da Universidade Democrática deveria fazer parte das missões de serviço público[37]. Podemos aliás imaginar que dentre estas o acesso ao digital seja tornado universal, sem parasitagem publicitária e sem exploração de dados pessoais, a fim de que todos possam beneficiar-se dos mais ricos conteúdos culturais, nomeadamente em matéria bibliográfica, museográfica e filmográfica.

Políticas de igualdade escolar

A política da qualidade de vida e de trabalho é indispensável, mas não pode evidentemente substituir uma política escolar específica. Os fatos estão estabelecidos: a escola de hoje dá mais àqueles que têm mais. É a isso que se chama, desde Robert K. Merton, de o "efeito Mateus", do nome do evangelista: "pois dar-se-á àquele que tem e ele estará na abundância, e daquele que não tem lhe será tirado o que tem" (Merton, 1968). Esse efeito concerne aos recursos materiais e humanos, mas também ao clima escolar, ou seja, aos padrões de aprendizagem vigentes nos estabelecimentos e nos ambientes familiares. Seria necessário não apenas igualizar a distribuição desses meios entre estabelecimentos populares e estabelecimentos de elite, mas atacar as causas sociais e culturais que criam em muitos estabelecimentos uma verdadeira *anomia escolar*. Para isso, seria necessário contrariar as atuais políticas educacionais.

---

37. O restabelecimento da vocação original da educação permanente poderia utilmente apoiar-se nas estruturas ligadas ao serviço público (redes Greta, AFPA, CNAM etc.), hoje minadas pela redução de recursos e pela lógica de rentabilidade que lhes são impostas.

Impotentes para prevenir, por meio de remediações puramente internas, os danos ocasionados por uma sociedade da competição generalizada, essas políticas educacionais fizeram da adaptação do indivíduo à competição e à economia do conhecimento um princípio diretor. Desde que nada interfira na competição universal que caracteriza a economia dominante, o princípio igualitário de acesso ao saber torna-se desprovido de sentido. É substituído pela ideologia da "igualdade de oportunidades" e da "excelência" que faz pesar sobre o indivíduo supostamente "livre e responsável" o sucesso ou o fracasso de seu destino social e escolar. Mas, como se pode imaginar, o jogo está viciado. Sendo tão diferentes os trunfos em "capital humano" inicial e as oportunidades de acumulação, a concorrência sempre beneficia os mais bem munidos. E essa concorrência entre escolas, liceus ou universidades leva a uma concentração crescente dos melhores alunos e estudantes nos melhores estabelecimentos por essa espécie de lei mecânica de atração e acumulação de recursos culturais e educacionais que Merton havia identificado para a pesquisa científica. As políticas públicas neoliberais, ao transformar os sistemas escolares e universitários em espaços de lutas abertas entre as classes, deram assim aos dominantes a imensa vantagem de poderem sempre rentabilizar melhor academicamente os seus próprios trunfos. Vê-se aí uma das causas essenciais do reforço da segregação social entre estabelecimentos escolares e do desenvolvimento de uma crescente desigualdade das condições reais de aprendizagem entre meios sociais (sobre este ponto, cf. Laval *et al.*, 2012, p. 111ss.). A conclusão é que é necessário romper com a subordinação da escola aos poderes econômicos e políticos que a levam a contribuir ativamente para o colapso do trabalho assalariado e para as desigualdades estruturais que aí se observam. Ao contrário do que quereria uma certa ideologia "saint-simoniana", a solução para a desigualdade escolar não é a aproximação da escola e da empresa, para a qual a esquerda governamental tem contribuído amplamente há várias décadas, ela está na convergência de duas lógicas igualitárias: por um lado, uma política geral que afeta todas as dimensões da desigualdade social e, por outro, uma política específica que diga respeito ao domínio da educação e da formação em geral.

Passar da "demografização" à igualização real das condições de educação

Vimos na introdução que o termo "democratização" permanecia ambíguo, abrangendo diferentes significados e projetos. Às vezes o mesmo termo designa o simples aumento do número de beneficiários da instrução, o que Pierre Merle chamou de "demografização", outras vezes é sinônimo de unificação ou aproximação das estruturas de ensino, e outras vezes ainda ele se confunde com o ideal da promoção social fundada no mérito. O sistema educacional francês, até os anos 1990, experimentou uma notável extensão quantitativa. Este fenômeno foi acompanhado por um aumento espetacular do nível de educação das meninas, assim como das crianças das classes populares. Apenas 2% dos filhos de operários nascidos nos anos 1930 obtinham o bacharelado[38]. Para aqueles

---

38. Na França, bacharelado [*baccalauréat*, ou coloquialmente *bac* ou *bachot*] é tanto o exame que marca o fim do segundo ciclo do ensino do segundo grau e permite o acesso aos estudos superiores, como o diploma atribuído aos que são aprovados nesse exame [N.T.].

que nasceram nos anos 1980, quase 50% o obtiveram. Isso não quer dizer que a *discrepância* em relação aos filhos dos meios mais favorecidos tenha se reduzido. Os filhos de funcionários públicos nascidos na década de 1930, que já eram 35% a obter um bacharelado, aproximam-se hoje dos 90%. Assistimos antes a um fenômeno de translação ascendente das taxas de acesso ao bacharelado, assim como das taxas de acesso ao ensino superior. Se de fato houve progresso da escolarização dos filhos das classes populares, houve igualmente manutenção das discrepâncias entre grupos sociais, o que mostra o caráter sempre muito "pegajoso" das pertenças sociais nos destinos educacionais e sociais. Os meados dos anos 1990 marcam o fim da ampliação do recrutamento escolar, e a discrepância dos resultados segundo as origens sociais tende mesmo a aumentar. As pesquisas do Pisa[39], por mais tendenciosas que sejam, mostram que a discrepância, na França, entre os 20% de alunos oriundos de meios socioeconômicos favorecidos e os 20% de meios desfavorecidos é uma das mais elevadas dos países da OCDE e que tem crescido desde 2000. A escola francesa já era muito desigual, e está se tornando cada vez mais desigual.

A massificação escolar perturbou as referências dos novos jovens escolarizados e dos docentes, mas não criou por si só as condições de sucesso para todos, seja nos níveis primário e secundário, ou no ensino superior, como os trabalhos de Stéphane Beaud sobre a universidade bem

---

39. O Programa Internacional de Avaliação de Alunos (Pisa [*Programme for International Student Assessment*]) é um conjunto de estudos realizados desde 1997 pela Organização para a Cooperação e o Desenvolvimento Econômico (OCDE) e que visa a medir o desempenho dos sistemas educacionais dos países membros e não membros.

demonstraram (Beaud, 2003). Essa situação é particularmente grave quando conhecemos o efeito da escolarização em massa sobre as próprias classes populares. Tudo mostra que elas ainda esperam muito, especialmente hoje, do ensino superior. Ter um diploma, e um bom diploma, parecia-lhes essencial para evitar o desemprego e o rebaixamento de classe. No entanto, a relegação dentro de um sistema educacional cada vez mais complexo e fragmentado às carreiras menos nobres engendrou um desencantamento devastador. O "teto de vidro" social com o qual se deparou uma parte desses meios populares destrói a fé na ascensão social por meio do sucesso acadêmico. Os jovens e suas famílias se dão conta de que o diploma, em caso de sucesso, não confere necessariamente um passaporte para os "bons empregos" e que tampouco confere a garantia de ascender sobre as gerações anteriores. A desvalorização dos diplomas universitários combina-se com uma deterioração contínua das condições de emprego dos jovens, primeiras vítimas da precarização e do trabalho gratuito ou mal remunerado (estágios, contratos de trabalho curtos). Ao que convém acrescentar a taxa muito significativa de insucesso em certas carreiras do ensino superior, que demonstra um desajuste bastante massivo entre as disposições intelectuais adquiridas previamente pelos estudantes e os métodos e conteúdo dos ensinos ministrados na universidade. A permanência mais longa na escola não tem sido acompanhada de condições concretas para a aquisição dos conhecimentos e competências acadêmicas básicas indispensáveis para o sucesso em níveis elevados de ensino. Essa falha funciona como uma "seleção silenciosa" em um sistema universitário formalmente aberto a todos os bacharéis. O que ecoa a fórmula de Pierre Bourdieu ao falar dessa geração da massificação como de uma "geração enganada e desenganada" (Bourdieu, 1978). Essa constatação não leva a renunciar a uma política de igualização das condições de acesso de todos aos saberes e à cultura. Ao contrário, convida-nos a passar da "demografização" a uma *efetiva igualização do acesso ao saber*. A questão prática, sem dúvida imensa, é de saber como fazer para que os "excluídos de dentro" não sejam cada vez mais numerosos, como fazer para que a escola de massa se torne um dia, e realmente, uma escola para todos.

Acabar com a segregação social dos estabelecimentos escolares

A sociologia das décadas de 1960 e 1970 demonstrou que as lógicas invisíveis ligadas ao pertencimento social explicavam em grande parte as diferenciações que podiam ser constatadas nas durações, orientações e, naturalmente, nos resultados da escolaridade. Em suma, a reprodução social era assegurada por uma instituição que aceitava ou recusava os alunos em função de critérios de julgamento eles próprios fortemente institucionalizados: estar ou não estar no sistema escolar e, cada vez mais, estar nesta ou naquela carreira era o mecanismo de repartição social dos alunos. Nesse regime, a seleção para o ingresso nos estabelecimentos e nas carreiras protegia a situação de renda escolar das crianças das classes culturalmente favorecidas. Cada vez mais, essa triagem tem se operado igualmente por meio de uma hierarquia social e escolar entre os estabelecimentos, ainda que os programas ou as carreiras seguidas sejam formalmente os mesmos.

O sistema escolar é, assim, cada vez mais marcado por esses fenômenos de segregação residencial, produzidos pela separação espacial das classes sociais e multiplicados pelas escolhas das famílias. Essa distribuição socialmente desigual dos alunos segundo os estabelecimentos, as seções e as classes é resultante de vários fatores sociais e culturais, mas a responsabilidade da instituição que, na melhor das hipóteses, foi tolerante, está amplamente comprometida (cf. Duru-Bellat, 2002).

Nesse sentido, a política educacional teve um efeito contraproducente durante décadas: as chamadas estratégias de "diferenciação da oferta pedagógica" por parte dos estabelecimentos contribuíram para a segregação social dos estabelecimentos. Fundando-se na hipótese do "efeito estabelecimento", ela consistiu em pedir a cada estabelecimento que se sinta "responsável" pela sua "eficácia". Ela conduziu a falsas soluções (reforço do papel do diretor, gestão por objetivos e contratualização, "cultura da avaliação" etc.). Esta política subestimou constantemente o fato de um dos elementos decisivos do "clima" do estabelecimento ser constituído... pelos próprios alunos e de a "eficácia" depender estritamente do "recrutamento social", segundo um processo autossustentado. As desigualdades sociais entre estabelecimentos são reforçadas de ano para ano devido à concentração de bons alunos em poucos estabelecimentos privados ou públicos onde as crianças de meios privilegiados estão sobrerrepresentadas (sobre o efeito da composição social dos estabelecimentos, cf. Thrupp, 1995, p. 183-203; 1999). O sistema educacional está polarizado entre "estabelecimentos proletários" e "estabelecimentos burgueses". Os estabelecimentos de relegação, geralmente situados nos subúrbios ou nos bairros populares das grandes cidades, permitem manter os demais estabelecimentos escolares relativamente ao abrigo das "perturbações" causadas pela presença de crianças dos meios populares e dos grupos de imigrantes considerados "perigosos"[40]. Foi assim que se desenvolveu uma situação de "apartheid escolar", intimamente ligada à segregação urbana, e incentivada pelas medidas de flexibilização do mapa escolar (Felouzis *et al.*, 2005). A hipocrisia que estrutura o discurso e as práticas institucionais nunca é mais evidente do que nesta matéria. A concentração dos que são pudicamente chamados "estudantes difíceis" alimenta uma propaganda incansável sobre os "territórios perdidos da República" e permite que situações sociais intoleráveis sejam consentidas como "escolhas" de separação étnico-religiosa.

A igualdade real das condições de aprendizagem

Uma série de medidas imediatas podem ser tomadas para "diminuir a pressão". Elas são bem conhecidas: estabelecimento de médio porte, diversidade social, classes heterogêneas, quadro educacional denso e diversificado, estabilidade das equipes educativas, vínculos com os bairros e as famílias. Elas nunca tiveram alcance suficiente, e até mesmo tenderam a sugerir que cada estabelecimento podia resolver seus "próprios" problemas, independentemente de uma regulação geral do sistema educacional. Em todo o caso,

---

40. As estatísticas das referidas violências mostram uma concentração dos problemas em estabelecimentos de relegação social que recrutam jovens dos meios populares. 40% dos atos de violência são registrados em menos de 10% dos estabelecimentos, e 25% em 5%, sendo a maioria colégios de subúrbio e liceus profissionais (Beaumont, 2013).

sabemos que a solução não consiste sobretudo em "suavizar" ainda mais um mapa escolar já amplamente contornado e cada vez mais permeável às estratégias das famílias que dispõem dos meios de escolha. Como mostrou Choukri Ben Ayed, as políticas educacionais "territorializadas" são imediatamente contrariadas pelo estabelecimento de um mercado escolar que não diz seu nome (Ben Ayed, 2009). Observou-se, na França, que o *busing* destinado a transportar para os estabelecimentos do centro da cidade as crianças dos meios populares não havia produzido sobre a segregação resultados muito significativos, capazes de compensar os efeitos negativos da flexibilização do mapa escolar. Essas políticas ditas de diversidade social não abordam as causas da polarização social e étnica dos bairros mais do que as demais desigualdades sofridas pelas classes populares. Por meio de uma política localizada, elas tentam fazer com que as populações segregadas aceitem sua marginalização residencial e sua exclusão do mercado de trabalho.

Por outro lado, é preciso começar considerando a segregação social na cidade e na escola um *problema político crucial*, em nível local e nacional, suscetível de mobilizar as classes populares que são suas primeiras vítimas. Não cabe a cada cidade ou bairro inventar uma solução, que acabará por ter pouco efeito. Por definição, a segregação diz respeito à regulação do conjunto dos espaços residenciais e do sistema educacional. Duas linhas de ação devem ser combinadas. Do lado dos "territórios", é preciso conduzir uma política antigueto de longo prazo por meio de uma nova diversificação social dos bairros. A ação política deve reformular profundamente o espaço urbano no plano da composição social, e isso pela criação de muito mais moradias sociais de boa qualidade nas zonas mais residenciais, combatendo a especulação imobiliária, recuperando as habitações populares, especialmente no centro da cidade, e garantindo a mesma densidade de equipamentos, de revezamentos sociais e culturais e de serviços públicos em todos os bairros. Do lado da escola, é preciso acabar com a lógica da concorrência entre estabelecimentos, em todos os níveis de ensino, do maternal à universidade. Essa política de igualdade implica igualmente a submissão da escola privada à lei comum, como o queria o ministro Alain Savary no início dos anos 1980, devendo acolher a mesma proporção de crianças dos meios populares que nos estabelecimentos públicos do mesmo ambiente, sob o ônus de perder qualquer ajuda pública. É evidente que toda instituição de ensino de acesso restrito, seja religiosa ou puramente mercantil, não pode ser subvencionada.

Bastaria agir diretamente sobre o mapa escolar? Em vez de englobar um bairro socialmente homogêneo, a zona de recrutamento escolar deveria incluir sistematicamente zonas socialmente heterogêneas. Mas isso não será suficiente se não conduzirmos, ao mesmo tempo, uma política urbana nos antípodas das tendências muito fortes à gentrificação de certos bairros e ao empobrecimento de outros bairros, como dissemos acima. Sobretudo, partindo do fato de os comportamentos de evasão estarem em parte fundados na composição social desigual dos estabelecimentos, o eixo de uma política de igualdade não pode se contentar com a luta contra todas as fraudes no mapa escolar, o que pode ser necessário, mas apresenta graves consequências em termos de equidade. Como justificar a obrigação, imposta a pais que desejam para seus filhos a melhor educação, de aceitarem condições locais de ensino tão degradadas? Só existe, portanto, um caminho para que a política de igualdade seja também *equitativa*: garantir que todos os alunos, independentemente do seu local de residência, independentemente da sua origem social, tenham *condições reais de aprendizagem escolar, senão perfeitamente iguais, pelo menos equivalentes*. Ao estabelecer uma norma geral das condições de aprendizagem na escola, escapamos da hipocrisia "republicana" de uma pura igualdade formal, assim como da armadilha do localismo na qual corremos o risco de encerrar a questão da diversidade social. Munimo-nos, sobretudo, de um gabarito que nos permite atribuir diferentes meios, especialmente em termos de enquadramento, segundo as necessidades efetivas dos alunos na escola. Porque não há dúvida de que os alunos oriundos de meios de capital econômico, cultural e social menor não podem estar, como hoje, concentrados nas mesmas classes sem que as condições mesmas de sua aprendizagem sofram gravemente. Na impossibilidade de poder transformar radical e imediatamente a composição social dos estabelecimentos e das classes, é necessário alocar pessoal e recursos materiais de forma muito diferenciada até que as condições reais de aprendizagem possam ser julgadas equivalentes. O que implica reduzir drasticamente o número de alunos por classe nos estabelecimentos populares, porque agora sabemos, após décadas de negação, que a quantidade de alunos é importante para o clima da classe (cf. Piketty *et al.*, 2006). Da mesma forma, convém que nenhum aluno escolarizado em um estabelecimento de maioria popular seja prejudicado quanto às escolhas de opções e ensinos.

Essa luta pela igualdade real das condições de aprendizagem passa pela distribuição de responsabilidades e recursos entre o Estado e as coletividades locais. A redução do tamanho das classes, assim como a implantação de formações, é da responsabilidade de órgãos reguladores regionais e nacionais cujas decisões devem basear-se no princípio muito concreto da igualdade de condições. A igualdade real de condições será o produto de uma construção institucional para a qual as instituições políticas territoriais devem contribuir, mas à qual também devem estar associadas as instâncias de autogovernos dos estabelecimentos a fim de evitar os riscos de uma centralização burocrática do sistema educacional. É baseando-se nas informações produzidas pelos profissionais de campo e nos conhecimentos dos territórios que as arbitragens podem ser feitas com toda a consciência e com toda a justiça.

Igualizar as relações de gênero

A igualdade deve ser entendida entre as classes, mas também, é claro, entre os gêneros. No entanto, a escola tal como a conhecemos continua a hierarquizar o masculino e o feminino. É certo que, como dissemos, a diversidade escolar fez progressos consideráveis, mas se passa com a diversidade o mesmo que se passa com democratização da escola. Se, desde a década de 1980, o aspecto quantitativo do recrutamento escolar parece regulado nos estabelecimentos públicos, a escola não soube construir uma verdadeira igualdade entre meninas e meninos dentro do sistema educacional. A despeito das ambições igualitárias declaradas, as discriminações de gênero ainda ativas fora da escola também existem dentro dela (cf., sobretudo, Marro *et al.*, 2004/1, p. 3-21). Em que condições a escola democrática poderia reverter a situação na escola e contribuir para a produção da igualdade entre as mulheres e os homens fora dela?

A desconstrução de estereótipos tornou-se um dos fios condutores da luta contra as desigualdades de gênero no sistema escolar. A escola enquanto instância socializadora tem uma responsabilidade particular na reprodução ou, inversamente, na redução desses estereótipos. Desde os primeiros anos no sistema educacional, as meninas e os meninos têm acesso a um capital de experiências muito diferente, e vivenciam uma socialização fortemente focada no gênero (cf. Le Dœuff, 1998). Muitos estudos destacam a presença de um sexismo oculto na escola que expõe os alunos a comportamentos e escolhas de vida que na maioria das vezes se conformam à imagem que a sociedade tem de seu sexo (cf. Mosconi, 2010; Morin-Messabel *et al.*, 2013; e Vouillot, 2010). Na escola, os alunos se envolvem em disciplinas marcadas pelo gênero, algumas sendo consideradas mais adequadas para meninos (ciências, educação física e esportiva) ou meninas (francês, ciências humanas, línguas). Os estímulos e as expectativas dos professores baseiam-se, muitas vezes de maneira inconsciente, nestes estereótipos que funcionam, nota Catherine Marry, como "profecias autorrealizáveis que alimentam a menor confiança das meninas e a sobrevalorização dos meninos em matemática" (Marry, 2003, p. 8). Desigualdades entre os gêneros manifestam-se igualmente nas interações entre os professores e os alunos. Os meninos são mais frequentemente incentivados a fazer perguntas e beneficiam-se de mais tempo de fala do que as meninas. Por fim, os estereótipos aparecem nas escolhas de formação que também se mantêm em consonância com as normas de gênero. A imagem das profissões permanece, assim, dominada por uma repartição tradicional de tarefas, entre a esfera da produção, que pertence sobretudo aos homens, e a esfera da reprodução, símbolo do trabalho das mulheres. Por meio do sexismo oculto e dos estereótipos de gênero, a escola tende afinal a agir como uma "agência de orientação que reproduz fluxos sexuados" (Duru-Bellat, 2008, p. 139).

A luta contra os estereótipos de gênero é primordial: estes constituem um freio para o sucesso das meninas, eles minam sua autoconfiança ou ainda enfraquecem seu gosto por determinadas atividades. Há um consenso hoje acerca disso, pelo menos em palavras[41]. No entanto, nada é definitivamente adquirido. Assim, os estudos e as iniciativas vinculados ou assimilados à "teoria de gênero" são regularmente atacados por meios conservadores. Qualquer evocação de condicionamento social na construção das identidades de gênero torna-se um sacrilégio que ofende a santa natureza[42]. Combater as desigualdades na escola significa lutar contra a crença naturalista segundo a qual a diferença biológica está na origem de todas as nossas representações e condutas.

Haveria, no entanto, uma certa ilusão em acreditar em um consenso perfeito sobre o que se pode esperar da igualdade de gênero na educação. Em uma perspectiva neoliberal defendida nomeadamente pela OCDE, o progresso na igualdade de gênero deveria permitir mobilizar de forma óptima a força de trabalho feminina. O atraso das meninas

---

41. O site do Ministério da Educação francês não é avaro de recomendações, propostas de ações pedagógicas, formações, catálogos de "boas práticas" e *kits para a igualdade* disponibilizados gratuitamente aos professores.

42. Foi assim que cerca de oitenta deputados franceses, seguidos por uma centena de senadores, exigiram a retirada de certos livros didáticos, alegando que a "teoria de gênero" era apenas uma ideologia sem fundamento científico. Reações políticas semelhantes foram particularmente virulentas nos Estados Unidos e no Brasil.

no sucesso profissional, a relutância em adotar as normas e os comportamentos do "homem econômico" e o recuo para a esfera doméstica de fato contrariam a generalização das relações sociais mercantis. Autonomia, autoconfiança, diversificação das vocações, espírito de iniciativa e empreendimento: estes objetivos constituem uma injunção dirigida às meninas para que elas sejam "vencedoras" na competição. As mulheres deveriam poder ter acesso ao sucesso e às carreiras mais prestigiosas ou consideradas como tais, tornarem-se CEOs, pilotos de caça ou chefes militares de alto escalão. Na escola, seria necessário conseguir mudar as escolhas e os comportamentos das meninas para que elas seguissem carreiras de prestígio tanto quanto os meninos. Trata-se, em suma, de "masculinizar" as trajetórias escolares das meninas, não para assegurar uma igualdade real. Esse "feminismo neoliberal", que obedece, até a caricatura, ao paradigma guerreiro da competição, não é, obviamente, a solução, ele faz parte do problema[43].

Uma outra opção consiste em instaurar uma pedagogia diferenciada em função de especificidades supostamente femininas. Essa pedagogia reformulada de acordo com valores e hábitos tradicionalmente femininos se baseia em uma concepção diferencialista da educação[44]. Se a educação "androcêntrica", por meio de sua ênfase na competição e na transmissão autoritária, explica o fracasso das meninas, conviria torná-la *girl-friendly* ou *girl-centered*, emprestando

---

43. Nancy Fraser interpreta a evolução do feminismo americano no período do "neoliberalismo hegemônico" como um "estreitamento da perspectiva emancipatória". Fraser, 2012, p. 18.

44. Uma das obras fundadoras sobre o tema, publicada em 1986, é a de Belenky *et al.*, 1986.

formas de ver e de saber supostamente "femininas", tais como empatia, troca, colaboração. Na literatura anglo-saxônica, o termo *nurturant* caracterizaria assim uma pedagogia cujos principais registros são o consolo e o reconforto. Sob o pretexto de romper com uma pedagogia da luta e da competição, corre-se o grande risco de pôr em causa as conquistas de uma diversidade escolar por vezes difícil e tardiamente conquistada.

Aparentemente mais subversiva seria a ideia de que os papéis tradicionalmente atribuídos às mulheres, e que estão vinculados à manutenção dos laços sociais sob todas as suas dimensões, possam, ao tornarem-se universais na educação, transformar inteiramente os valores e as práticas desta. O que doravante chamamos *care* colocaria assim em causa categorias masculinas há muito alçadas à universalidade[45]. Uma das incidências do *care* na educação resultaria na preocupação em desenvolver a atenção ao outro e a solicitude, não somente como valores morais, mas também como novas formas de relações sociais concernindo meninas e meninos[46]. Mas não corremos o risco de esquecer as condições sociais e materiais que precisam ser transformadas para além da escola? Nel Noddings, uma das principais teóricas americanas do *care* na educação, está consciente desse perigo. Um enfoque exclusivo na educação iria, ela escreve, "distrair-nos dos problemas sociais que não podem ser resolvidos pela

---

45. Laugier, 2010. Deve-se notar, em apoio a esta tese, que, nos escritos fundadores de Carol Gilligan, o *care* não é "essencialmente feminino", mas compõe uma "voz diferente" em cada um (Gilligan, 1982).

46. Cf. Mozziconacci, V. (2016, 1º fev.). Théories féministes de l'éducation: où est le care ? Éducation et socialisation. Disponível em http://journals.openedition.org/edso/1514.

escola. [...] É ser míope e até mesmo mostrar-se arrogante supor que tudo o que as pessoas precisam [...] [é] de uma educação melhor" (Noddings, 2013). Esta filósofa americana da educação e ex-professora de matemática acrescenta que encorajar as mulheres jovens a fazerem matemática deveria andar de mãos dadas com o encorajamento dos homens jovens a tornarem-se enfermeiros ou assistentes sociais, mas que se trataria de uma ilusão se não se acompanhasse de oportunidades financeiras equitativas. Uma valorização do *care* deve ser acompanhada de uma mudança nas condições materiais de existência, se não quisermos simplesmente endossar a dominação sob um verniz de "reconhecimento social". Permanecer em uma ética do *care* seria insuficiente, e até mesmo contraproducente, se esta não conduzisse a uma política igualitária que pusesse em causa todos os princípios hierárquicos que reinam na sociedade e desenvolvesse a capacidade de agir individual e coletivamente. A igualização das situações de homens e mulheres faz parte de uma mudança global nas relações sociais, ela não visa a fazer com que as meninas se tornem competidoras efetivas na luta pelas mais altas e prestigiosas posições sociais e profissionais. Uma pedagogia igualitária pode, em todo caso, proporcionar às meninas um aumento do poder de agir pela supressão dos preconceitos patriarcais, mas deve acompanhar-se de uma mudança completa do "espírito da educação".

A igualdade em vez da concorrência

O ideal da educação não pode mais ser a competição, mas a igualdade. Essa educação para a competição, aliás, não é estranha à ancoragem da dominação masculina na sociedade, bem como à mentalidade de "guerreiros" e *winners* incentivada pelo neoliberalismo. A sociedade democrática e ecológica do futuro não tem nenhuma necessidade desse tipo de *habitus* da luta de todos contra todos. Uma das principais medidas de uma educação democrática consistirá em eliminar a competição entre alunos e entre estudantes, a qual contribuiu para produzir na sociedade industrial assalariados e consumidores aptos a entrarem em luta uns contra os outros para otimizarem suas chances de ganhar e ter mais. Convém por isso construir um tronco comum desde a escola elementar até o liceu. Isso terá a imensa vantagem de não encerrar os alunos em destinos precoces e de não os submeter à pressão permanente da competição[47]. Estabelecer um tronco comum até os dezoito anos terá ainda outras vantagens, nomeadamente a de reforçar a autonomia dos docentes, hoje cada vez mais submissos na sua docência à pressão da avaliação e da triagem que eles devem efetuar entre seus alunos em detrimento do seu trabalho pedagógico (cf. Calabuig *et al.*, 2011, p. 81ss.). Desvencilhar-se das carreiras permite dispensar as classificações, que sabemos terem um poder tóxico sobre as próprias aprendizagens, principalmente pelo estresse que engendram e pelos ressentimentos ligados à relegação dos alunos oriundos de meios populares a carreiras desvalorizadas. A pacificação das relações entre professores e alunos que resultará disso criará um clima mais propício às aprendizagens e aliviará a carga de trabalho dos docentes. E a supressão das carreiras e dos grupos de nível levará estes a refletirem de forma

---

47. A reforma do bac iniciada pelo Ministro Blanquer vai na direção inversa, acentuando ainda mais todas as patologias ligadas à avaliação contínua e à escolha de "especialidades", em detrimento do tronco comum.

completamente diferente acerca do que é uma situação de classe cujos níveis são heterogêneos.

Nesse novo quadro, a nota poderá deixar de ser esse instrumento disciplinar que faz as pessoas viverem com medo e culpa. Ainda hoje, a instituição escolar dá a entender que a nota é uma medida do valor do aluno uma vez que ela desempenha um papel de comparação, seleção e hierarquização entre alunos, com o objetivo de identificar uma "elite" supostamente legítima devido aos seus resultados "objetivos" porquanto quantitativos. Mas o preço psíquico e social da seleção pelo fracasso não é ele mesmo quantificável. Como o mostrou Jean-Pierre Terrail, o uso sistemático da nota para sancionar erros ou mal-entendidos intelectuais, como se fossem faltas morais ("trabalho insuficiente"), leva o magistério a ser desviado para comportamentos desajustados em relação à "missão exclusiva dos docentes que consiste em identificar e mobilizar os percursos de aprendizagem mais eficientes" (Terrail, 2016, p. 127).

Pode-se mobilizar academicamente o aluno de mil outras maneiras além da avaliação numérica ou alfabética de um trabalho escolar. A satisfação intrínseca de uma aquisição escolar, como a alegria da cooperação com os colegas na aprendizagem ou os prazeres da descoberta, muitas vezes mobiliza energias muito melhor do que uma avaliação individual quantificada[48]. O fim ou a marginalização das notas obrigaria a que se inventasse e desenvolvesse avaliações muito mais formativas, que não estariam dissociadas do processo de aprendizagem, mas que, como balizas de um

---

48. Cf. as reflexões esquecidas de Georges Snyders sobre a alegria na aprendizagem escolar, em *La Joie à l'école* (1986).

percurso, distinguiriam os momentos importantes. Essa revolução mental não é mais difícil do que aquela que fez com que desaparecessem os tapas e surras das famílias, ou aquela que fez desaparecer o medo do diabo e do inferno da educação moral das crianças. Ela implica, em todo caso, outros princípios pedagógicos e outros hábitos mentais entre os docentes, os pais e até mesmo os alunos "demandadores de notas".

Que pedagogia da igualdade?

"Há uma educação inconsciente que nunca cessa", explicou Durkheim (Durkheim, 1985, p. 69). Quando pensamos na força que a socialização familiar pode exercer na formação de um indivíduo, não podemos evitar um certo desânimo. Como impedir tal influência *matricial* constante e em todos os domínios e que, como o notava Durkheim, "nunca cessa"? Alguns sociólogos têm se engajado na reflexão sobre práticas realmente igualadoras que os docentes conscientes dos desafios sociais da sua função podiam adotar. Os trabalhos de Pierre Bourdieu e Jean-Claude Passeron, da década de 1960, explicavam que um método de ensino, para não prejudicar os mais desfavorecidos, devia sempre basear-se na *explicação* das questões e dos conceitos em jogo em uma sequência de ensino[49]. Essa "pedagogia racional" baseava-se no esforço do professor em tornar "visíveis" os objetivos dos saberes escolares, e explícitos os caminhos a seguir para alcançá-los.

---

49. Cf. Braz, 2011. As recomendações da pedagogia explícita são infelizmente parasitadas hoje pela ideologia naturalizante de certos especialistas das neurociências e às vezes desembocam numa espécie de manual de instruções rígido que corta mecanicamente em fragmentos o desenrolar dialético da lição.

Em outras palavras, o professor nunca deve supor que os alunos compreendam espontaneamente o significado dos problemas tratados nos cursos, possuam as noções fundamentais e apreendam por comunicação milagrosa o que se espera deles no trabalho escolar. As competências cognitivas não são dados naturais, elas são adquiridas em contextos sociais particulares e, mais precisamente, em famílias cujos pais tenham eles mesmos frequentado o universo escolar por bastante tempo e estejam relativamente familiarizados com saberes e léxicos eruditos e cultos. O que também significa que os próprios professores devem ter clareza acerca dos objetivos dos saberes, da progressão lógica das aquisições e das operações intelectuais que os alunos devem efetuar para alcançá-los.

Trata-se, para a escola, de fornecer o que só ela pode trazer às crianças das classes populares, e, mais precisamente, de garantir que as estruturas de ensino e as práticas pedagógicas obedeçam a uma racionalidade "sempre imediatamente em conformidade com o interesse dos estudantes mais desfavorecidos", segundo a fórmula utilizada em *Os Herdeiros* (cf. Bourdieu *et al.*, 1964). Para Bourdieu e Passeron, o espontaneísmo pedagógico que valorizava a "expressão do aluno" era uma forma de desconhecimento das condições sociais da aprendizagem. Eles não hesitavam aliás em remeter esse tipo de ingenuidade ao "humor anti-institucional" da pequena burguesia. A centralidade do brincar e o objetivo do desenvolvimento da pessoa em pedagogias "invisíveis", pouco estruturadas e abertas ao implícito, prolongam os ideais educacionais da nova classe média especializada nas produções simbólicas, na comunicação e nos vínculos pessoais. Essa postura espontaneísta, enraizada no *habitus* de muitos professores, dificilmente lhes permite confrontarem-se com os reais problemas colocados pelas aprendizagens cognitivas e refletirem sobre as condições sociais de exercício da atividade docente, não mais do que sobre o inconsciente de classe que as diferentes pedagogias veiculam (cf. Charlot *et al.*, 1992). Na realidade, se o sucesso acadêmico desigual deve estar relacionado aos meios sociais, culturais e linguísticos nos quais os alunos vivem, também deve estar relacionado às práticas pedagógicas que reforçam ou contrariam esses fatores.

A escolarização, desde o fim do século XVIII, está longe de ter sido um fenômeno puramente quantitativo. O espírito da pedagogia também se modificou, favorecendo de maneira especial vários métodos ativos cuja unidade é inicialmente negativa: eles recusam que o aluno seja apenas um receptáculo passivo, empanturrado de saberes, que não tem nenhuma conexão com suas experiências, sua existência e sua sensibilidade. Esse novo espírito alimentou movimentos pedagógicos que, no século XIX, traçaram os contornos de uma "Educação Nova". Suas contribuições são de extrema importância cultural, participando ainda de uma transformação da imagem da criança em nossas sociedades. Sua divulgação tem ajudado a questionar as formas disciplinares mais rígidas de educação herdadas do Antigo Regime e, neste sentido, tem contribuído para valorizar tanto a atividade do aluno como o seu pensamento e a sua palavra. No entanto, do ângulo estrito de seu alcance igualador no qual nos colocamos aqui, a nova ideologia pedagógica suscita um problema. Como mostrou o sociolinguista britânico Basil Bernstein, ela tem, como as outras ideologias pedagógicas, aliás, uma dimensão de classe geralmente pouco questionada, e que o é ainda menos quando espontaneamente identificada com os ideais democráticos (Bernstein, 2007, p. 90ss.). Devemos nos perguntar por que a "renovação pedagógica" que acompanhou a massificação do efetivo não teve todo o efeito igualador que se esperava em termos de formação intelectual. Duas razões são frequentemente aventadas. A primeira é que a valorização da atividade, da descoberta, da pesquisa, quando não é guiada pela própria lógica cognitiva, desvia-se do sentido mesmo da atividade. A segunda é que ela muitas vezes levou a uma adaptação *por baixo* dos conteúdos de ensino destinados aos públicos escolares mais fracos academicamente, reforçando assim as desigualdades intelectuais entre as crianças de classes diferentes. Mas talvez haja uma dimensão mais fundamental, que diz respeito à relação que as crianças, segundo seus meios, mantêm com a escola e com os saberes que nela devem adquirir.

Transformar a relação social dos alunos com o saber

Uma pedagogia da igualdade supõe introduzir os alunos a uma lógica cognitiva específica, a da apropriação de um saber particular. Essa lógica é inseparável da situação escolar, ela é mesmo por definição a experiência escolar típica. Exige da parte do aluno uma intelectualização das situações e das tarefas escolares, uma compreensão da especificidade das expectativas e dos percursos cognitivos a serem realizados. Em outras palavras, as desigualdades escolares não são somente o reflexo passivo das desigualdades sociais, mas a consequência da relação que os alunos mantêm com a instituição e, mais precisamente, com o saber. Suscita-se, portanto, a questão do sentido que os alunos investem na apropriação dos saberes, ou seja, a questão da *relação social dos alunos com o saber*, interrogação que obviamente nada tem a ver com o postulado reacionário de uma inteligência desigual ou de uma capacidade desigual de aprender[50].

Bernard Charlot define essa relação da seguinte maneira: "A relação com o saber é uma relação de sentido e, portanto, de valor entre um indivíduo (ou um grupo) e os processos ou produtos do saber" (Charlot *et al.*, 1996, p. 29). O aluno é um ser social, não é um objeto que pode ser cortado em fatias. Ele mantém uma relação significativa e normativa com a sua atividade. Essa relação com o saber não é imediata nem evidente, não é apenas individual, ela envolve o ser social inteiro: "Deste sentido depende a mobilização escolar dos alunos, seu investimento na atividade intelectual exigida pela apropriação de saberes" (Charlot *et al.*, 1996, p. 39). É o sentido dado ao saber que determina a mobilização intelectual e a eficácia da apropriação dos saberes. Quanto mais a escola é identificada com um lugar específico de transmissão de saberes, mais os saberes são vistos como universos intelectuais com um valor próprio e não simplesmente como "matérias" que possuem um sentido apenas instrumental, e mais essa apropriação tem chances de ser eficaz. No entanto, essa relação com os saberes, que lhes confere um sentido intrínseco, é problemática para uma parte da juventude escolarizada, sobretudo de origem popular. O sentido que esses alunos lhe atribuem é ampla-

---

50. Cf. Rochex *et al.*, 2012; Bonnery, 2007. A equipe de Escol (Educação, escolarização) da Universidade de Paris-8 dedica-se ao estudo das desigualdades sociais no sucesso acadêmico, à compreensão da maneira como são construídas e ao exame de quais dispositivos pedagógicos seriam os melhores para remediá-las.

mente determinado pela antecipação de um futuro social e profissional possível, ou mesmo impossível. O desafio para a escola é, portanto, fazer com que os jovens valorizem o saber por ele mesmo, ou seja, ultrapassem o ponto de vista exclusivamente utilitário dos estudos que só lhes serviriam para ter um "bom emprego". Mas como fazer com que os objetos do saber e da cultura sejam valorizados por eles mesmos quando a relação com o saber é inteiramente social, ou seja, exprime as condições sociais de existência e as expectativas em relação ao futuro? Bernard Charlot, Élisabeth Bautier e Jean-Yves Rochex expõem o dilema ao qual são confrontadas as políticas educacionais: ou encerram os jovens dos meios populares em uma relação instrumental que vê no saber apenas uma matéria sem significado cultural próprio, ou fazem a opção inversa de "permitir a esses jovens compreenderem que o saber também pode apresentar sentido em si mesmo", o que é bem mais difícil do que desenvolver a alternância, a aprendizagem e a pré-profissionalização, como se faz hoje. Pois reforçar essa continuidade entre a escola e o emprego assalariado não deixa de ainda acentuar o sentimento coletivo dos alunos de origem popular de que o "trabalho" escolar faz pouco sentido em si mesmo, e que as restrições e rotinas escolares são apenas prefigurações do que os espera nas empresas. Tudo se passa como se, baseando-se nas expectativas espontâneas dos jovens dos meios populares e nas percepções da escola que delas decorrem, a instituição sempre os encerraria um pouco mais em um destino programado. Uma educação que visa a igualdade não pode, assim, limitar o horizonte dos alunos de origem popular às funções subalternas da produção, como é o caso hoje. A dificuldade consiste em superar um antigo dilema: como garantir, na prática, que os saberes escolares não sejam desvinculados do mundo real, como era o caso nas escolas de elite herdadas do Antigo Regime aristocrático, nem empobrecidos por um utilitarismo estreito, como uma orientação dominante hoje o quereria? Em outros termos, como assegurar um certo *continuum* de sentido enquanto se garante a entrada em uma cultura diferente da vida cotidiana, por qual mediação pedagógica passar da experiência social à experiência escolar?

O dilema da educação democrática

Há muito se pensa, especialmente nas diversas correntes da Educação Nova, que a propriedade característica de uma escola democrática devia ser a estreita ligação da pedagogia com as "experiências sociais" de alunos e estudantes. Qualquer ruptura com a "realidade" vivida impossibilitaria conferir sentido às aprendizagens e, portanto, excluiria os jovens dos universos populares. Mas o que se deve entender por "experiência social" e como ela permite uma apropriação de saberes escolares específicos?

John Dewey atribuiu à experiência um papel pedagógico central na sua filosofia educacional exposta em *Democracia e educação* (1916). Nesta obra ele argumenta que, em uma sociedade democrática, a escola não pode mais ser uma entidade à parte, reservada a uma pequena elite que cultiva o saber para si mesma, como é o caso em uma sociedade aristocrática. Na escola tradicional, impõem-se ao aluno exercícios que só têm sentido na experiência escolar, em uma relação exclusiva com o mestre que lhe impõe problemas artificiais. Essa artificialidade impede o seu acesso ao pensamento, na medida em que este se baseia em uma experiência real de problemas reais. Ora, a escola democrática é feita para preparar os homens para uma ação livre e coordenada, e não há pensamento autêntico sem preocupação com a eficácia social. A escola, para transmitir saberes vivos, deve "imitar a sociedade" porque "o saber separado da ação refletida é um saber morto, um peso esmagador para o espírito" (Dewey, 2018, p. 237). A aquisição dos conhecimentos só pode ser feita em uma atividade interessante para aquele que é seu ator, o que exclui as atividades mecânicas puramente práticas e os exercícios escolásticos cujo fim seria a acumulação dos conhecimentos por eles mesmos. Para Dewey, somente as experiências interessantes, e, portanto, instrutivas, envolvem objetos naturais ou sociais e seus usos. Deve-se sempre partir de uma "situação empírica real", diz ele, e a abordagem de um assunto "deve ser tão pouco acadêmica quanto possível" (Dewey, 2018, p. 239). Os métodos de aprendizagem são bem-sucedidos "quando recorrem ao tipo de situação que provoca a reflexão fora da escola na vida ordinária" (Dewey, 2018, p. 239). Quanto mais próximos estamos da experiência sensível e social dos alunos, mais lhes franqueamos o acesso ao conhecimento. O dilema aqui é de saber se, ao confundir, nesse ponto, a experiência social e a experiência escolar, não se corre o risco de desvalorizar os saberes escolares no que eles têm de específico e formalizado, e, portanto, tornar menos apreensível para as crianças dos meios populares o que elas têm que aprender na escola e não podem aprender fora dela. Porque a apropriação dos saberes escolares pressupõe que também se compreenda a necessidade da distância que existe entre a realidade vivida e a formalização, a sistematização e a progressão dos saberes escolares. De sorte que devemos nos perguntar seriamente se a democracia escolar não consiste antes em ajudar os alunos a *saírem* de suas experiências imediatas para terem acesso à razão escrita, à prática reflexiva sobre a linguagem, à cultura escolar e ao que Bernstein chamava de "código elaborado", mas sem que um sentimento de alienação prevaleça entre eles. A dificuldade prática da educação consiste, portanto, em fazer com que o universo dos saberes, dos símbolos e dos conceitos seja objeto de experiências cognitivas específicas e interessantes nelas mesmas, sem que sejam rejeitadas imediatamente como desprovidas de interesse por estarem distanciadas da "vida real". É essa experiência específica dos saberes escolares que permite ao aluno dar um passo atrás em relação à realidade social na qual está imerso. A escola cria um mundo próprio, uma vida própria, e a questão é de saber que vínculos podem ser estabelecidos entre as experiências específicas que podem ser vividas na escola e os desafios sociais e humanos que podem legitimamente mobilizar os alunos. Pois afirmar que os saberes escolares são específicos e heterogêneos à experiência imediata não quer dizer que não devam, por sua vez, ser questionados quanto à relação que mantêm com a experiência individual e social dos alunos. Nada seria pior do que recair em uma escolástica vã, o que Dewey e as várias correntes da Educação Nova denunciavam com razão. A questão prática é, portanto, estabelecer se os saberes escolares específicos permitem ou não que os alunos reflitam racionalmente sobre a sua situação real de seres humanos no mundo, eles que participam de uma história e de uma sociedade determinadas, e que devem, dentre outras coisas, graças à educação, ter a capacidade de mudá-la, ou seja, de serem sujeitos de suas vidas.

A distância social dos alunos de origem popular em relação a saberes e professores introduz obstáculos pedagógicos que não podem ser negligenciados e pelos quais os professores são parcialmente responsáveis. Esses obstáculos podem ser de vários tipos, dentre os quais os preconceitos de classe ou de raça não são os menores. Mais sutil é, sem dúvida, o viés que consiste, para o docente, em considerar o juízo de gosto espontaneamente universal, ou antes, em tomar o seu próprio, ligado a todas as suas experiências pessoais, por universal. O que pode, por exemplo, afetar a escolha de textos literários a serem estudados, cuja referência frequentemente está muito distanciada de qualquer experiência social dos alunos pelos quais é responsável, ao passo que tal página de Louis Guilloux, de Céline ou de Steinbeck poderia "falar" mais do que muitas outras, nada cedendo à exigência da qualidade literária.

A igualdade, o sentido e o sujeito do saber

Fazer sentido, é dar ao cotidiano vivido uma significação histórica e social, é mesmo inscrevê-lo em uma lógica de transformação social e política. Era assim que Jaurès o entendia nos seus "conselhos de método" às professoras e professores primários do seu tempo: sim, dizia ele, é necessário um ideal cultural e moral elevado na escola popular, mas, "para ter um sentido pleno, uma vida real, ele deve ser interpretado de acordo com as condições de existência daqueles aos quais é dirigido" (Jaurès, 2012d, p. 279). Para o socialismo educacional tal como concebido por Jaurès, este ponto era evidentemente um pré-requisito para se fazer ouvir pelos alunos. O mestre nunca devia esquecer que estava lidando com crianças que viviam a condição operária ou camponesa: "É a realidade total e complexa que o mestre deve ter em mente; mesmo que nem sempre a formule explicitamente, ela deve ser sua regra, sua luz" (Jaurès, 2012d, p. 280). Caso contrário, o aluno "terá a impressão de que estamos meio que nos divertindo com ele, que ainda o estamos levando para passear no país das fábulas, mas das fábulas onde os homens, em vez de se disfarçarem de animais, estão disfarçados de abstrações" (Jaurès, 2012d, p. 280). Melhor ainda, para Jaurès a escola popular devia ser inspirada, em todos os seus aspectos e conteúdo, no movimento de emancipação e justiça trazido pelo proletariado. O que deveria orientar o ensino não era tanto a experiência vivida imediata da criança proletária – que não devia ser ignorada, mas que no fundo era apenas a experiência interiorizada do peso da opressão – quanto a *esperança* que emergia dos progressos do saber e das conquistas operárias obtidas pela luta: "Dar às crianças o sentido do perpétuo movimento humano", este devia ser o sentido da mensagem da educação (cf. Jaurès, 2012e, p. 187). Nada na condição operária e camponesa era fatal, tudo nela podia e devia ser "revolucionado".

Encontramos em Paulo Freire essa mesma exigência de "sentido pleno", ligada a um projeto de emancipação coletiva. A igualdade no acesso à cultura e aos saberes pressupõe que todos, independentemente de sua classe, possam se tornar *sujeitos* de saber, e não somente um alvo ou um "depósito" de saber, segundo a concepção educacional mais tradicional, aquela que Freire qualifica como "bancária": "Quanto mais os alunos se dedicam a arquivar os 'depósitos' que lhes são entregues, menos desenvolvem neles a consciência crítica que permitiria a sua inserção no mundo como agentes de transformação, como sujeitos" (Freire, 1974, p. 53). Sujeito do saber pode ser entendido de várias maneiras, que não são contraditórias. Os trabalhos citados anteriormente insistiam na necessidade para o aluno de ser um sujeito reflexivo, consciente dos percursos intelectuais a serem realizados, e não somente um ser passivo recebendo o saber do mestre, mas tampouco um "ativista" tendo que realizar tarefas que não têm relação direta e necessária com os objetivos do saber. A pedagogia da igualdade pressupõe uma igualdade na capacidade de *subjetivação cognitiva*. Cada um deve poder dar sentido ao que faz na escola. Mas esse sentido não é somente "individual", ele tem dimensões sociais e históricas. Em outros termos, a pedagogia da igualdade não pode tornar possível uma subjetivação cognitiva sem que ela seja também social e histórica, o que Freire, por sua vez, nomeava, em um vocabulário existencialista e cristão, uma "conscientização".

A pedagogia de Paulo Freire, que muito inspirou os movimentos sociais da América Latina e até mesmo o altermundialismo contemporâneo, pode ajudar-nos a compreender melhor a relação entre educação e sentido social e histórico[51]. A democratização da sociedade deve ser global, ela é um fenômeno total, ele explicava: democratização política, democratização cultural e democratização educacional

---

51. Essa pedagogia é proveniente da prática de formação de Paulo Freire entre os camponeses do Nordeste brasileiro e depois entre os camponeses chilenos, antes de suas intervenções na África e em São Paulo, atividades que concerniram tanto aos adultos analfabetos do campo quanto às crianças das classes pobres das cidades. Ela é particularmente vívida no Movimento dos Trabalhadores Rurais Sem Terra no Brasil, que construiu a Escola Nacional Florestan Fernandes segundo o princípio do "Conhecimento Transformador".

estão intimamente ligadas. A democratização educacional não é uma simples divulgação de saberes eruditos, mas supõe um trabalho coletivo de apropriação de saberes que visa ao desenvolvimento de uma consciência crítica voltada para a ação transformadora. A "pedagogia do oprimido" deve garantir que um grupo possa tornar-se sujeito de sua história, conquistar uma capacidade própria de liberdade pela reflexividade permitida pelo saber que ele terá adquirido. Diferentemente do esquema clássico que queria que o saber escolar fosse em si mesmo libertador, Freire mostra que a aprendizagem passa pela ligação entre um saber e questões e experiências individuais e coletivas, por uma problematização da situação que o aluno vive (*Educação problematizadora*), em suma, por uma *subjetivação sócio-histórica* da relação com o saber. O saber não precede a libertação, a exemplo da ideologia da "escola libertadora". Apropriação dos saberes e libertação andam de mãos dadas. Essa educação problematizadora, Freire a resume com uma fórmula: nunca se pode separar na aprendizagem a leitura da palavra e a leitura do mundo (Freire *et al.*, 1987).

Se podemos obviamente sentir a influência de Dewey no pensamento de Freire, já não se trata para a escola de "imitar" as situações da vida real para fazer sentido, trata-se de colocar em relação um saber constituído (nomeadamente a linguagem oral e a linguagem escrita) e um *habitat* que é portador de significações sociais e históricas. Esse método de aprendizagem coletiva que constitui o grupo como *sujeito* do conhecimento, da reflexão e da ação deve conduzir a um conhecimento crítico da sua situação. Freire junta-se ao socialismo educacional de Jaurès quando ele vincula o sentido do saber para um coletivo à *ação* de transformação das condições de vida e de trabalho. Essa prática transformadora não supõe somente saber ler, que é onde param muitos programas educacionais progressistas, ela supõe a prática da escrita. Porque a transformação social pressupõe que os indivíduos sejam capazes de descrever suas condições, de escrever suas vidas. O engajamento na escrita é o único libertador: "Quando alguém sabe ler, sabe seguir o que os outros querem dizer. É somente quando alguém sabe escrever que há a possibilidade de que os outros possam ler/entender o que essa pessoa tem a dizer. Com efeito, a escrita é uma ferramenta para dar forma ao próprio pensamento, tomar consciência do que se é e do que se tem para compartilhar com os outros" (Garibay *et al.*, 2009, p. 39).

Podemos tirar dessa "pedagogia do oprimido" uma lição mais geral acerca de qualquer prática pedagógica igualitária. Se esta pressupõe dispositivos e métodos "sensíveis às diferenças", ela também exige um vínculo suficientemente forte entre saberes escolares e situação social e histórica dos alunos para que estes possam se tornar sujeitos de uma prática coletiva de aprendizagem. O importante, portanto, não é reproduzir a sociedade na escola, sobretudo *a sociedade tal qual ela é*, mas partir dos grandes desafios de luta e das razões de esperar para *dar um sentido emancipatório* aos saberes escolares. O que supõe vincular o que se aprende a uma capacidade de agir em comum, a essa *capacitação* que está no cerne da pedagogia política de Freire. Somente o projeto de transformação democrática radical da sociedade pode devolver sentido ao que os jovens aprendem.

3
Uma cultura comum para a democracia

Que *cultura comum* uma democracia social e ecológica deve fazer chegar aos jovens? Cultura comum? Ao ouvir esta última expressão, poder-se-ia primeiro acreditar que se trata de uma espécie de evidência universal: existiria em toda parte e sempre um vínculo entre uma comunidade de indivíduos e a cultura que eles compartilham. Este é o significado muito amplo conferido ao termo "cultura" na antropologia. A expressão "cultura comum" não significaria outra coisa e nada mais do que "cultura do grupo", ou mesmo, nas sociedades modernas, "cultura nacional". Há um ponto de verdade nessa abordagem muito ampla, que diz respeito à função das instituições educacionais nas sociedades modernas. Todo sistema educacional introduz os recém-chegados em sistemas simbólicos por meio dos quais eles interpretarão a sua própria experiência individual[52]. As instituições educacionais, nas sociedades modernas, têm,

---

52. Diferentemente das sociedades tradicionais, religiosas e, na época moderna, totalitárias, os sistemas simbólicos nos quais os alunos se inserem são suficientemente plurais para que possam afirmar certa parte do jogo individual. Mas este último não deve ser confundido com um relativismo pedagógico que gostaria que a cultura escolar fosse apenas uma concordância entre interesses e pontos de vista individuais.

por conseguinte, a responsabilidade de conseguir o que as outras sociedades ditas tradicionais realizam, mas de outra forma: a manutenção e a difusão de um conjunto de categorias lógicas e morais, de conhecimentos, de capacidades linguísticas e intelectuais, crenças e valores que caracterizam um grupo humano singular.

É difícil contestar que, nas sociedades altamente escolarizadas, o sistema de ensino desempenhe um papel importante na definição da cultura de uma sociedade e na sua inculcação em seus membros, tão importante quanto o papel da religião outrora, e em concorrência hoje com a cultura das mídias de massa. Importa, pois, ter em conta o seu efeito no sistema de pensamento de uma sociedade, ou, dito de outra forma, o que a cultura de uma sociedade deve à escola (cf. Bourdieu, 1967). A cultura escolar é ao mesmo tempo uma parte da cultura de uma sociedade e, em parte, sua matriz. Consideremos, por exemplo, a maneira como a ortografia francesa se congelou com a generalização do ensino primário nos anos 1830.

A cultura escolar não é um simples reflexo das condições existentes, não se resume ao patrimônio transmitido, ela é também um projeto histórico e a projeção de um ideal. Foucault o sublinhou à sua maneira: "Em suas instituições pedagógicas, uma cultura não projeta diretamente sua realidade com seus conflitos e contradições. Ela a reflete indiretamente por meio dos mitos que a desculpam, justificam e idealizam em uma coerência quimérica. Em uma pedagogia, uma sociedade sonha com sua idade de ouro" (Foucault, 1966, p. 96).

É em um sentido menos antropológico e mais normativo que empregaremos a expressão "cultura comum", de maneira bastante semelhante ao uso feito por muitos sindicatos e movimentos pedagógicos (cf., por exemplo, Romian, 2000). A educação democrática deve desempenhar um papel central para conferir aos membros de uma sociedade os meios de conhecê-la e agir sobre ela, fornecendo-lhes as ferramentas para uma reflexividade informada e racional sobre sua história, e dotando-os das capacidades sociais e políticas necessárias para a participação ativa de todos nos assuntos coletivos. A questão é, portanto, de saber que conteúdos culturais uma democracia deve transmitir por meio da educação para que ela seja a mais realizada possível, ou seja, para que os indivíduos que a fazem viver sejam realmente iguais em todos os domínios da existência, livres em seus julgamentos políticos e éticos, ativos na cooperação social e econômica, responsáveis pelo vínculo com as espécies não humanas e com a Terra. Afastamo-nos aqui da tese de Jacques Rancière segundo a qual a democracia não suporia nenhuma competência particular, que seria mesmo por definição o poder dos sem-poder, dos sem-participação e dos sem-competências. Esta tese é a exata simetria da tese oligárquica do "poder das capacidades", e nisso ela se coloca no mesmo terreno que o "ter ou não". A democracia como autogoverno pressupõe as *capacidades* de autogoverno, e essas capacidades, se elas são adquiridas na prática do autogoverno, elas também o são com base nas capacidades escolares que podem ser mobilizadas na ação (cf. Rancière, 2004). Essas escolhas de conteúdo são, nesse sentido, políticas, pois nem todos os saberes podem ser ensinados, e eles tampouco dependem de uma "demanda" de cunho consumista que gostaria que a escola satisfizesse necessidades e interesses expressos pelos alunos, suas famílias ou os grupos sociais a que pertencem.

A determinação da cultura comum democrática e ecológica transmitida pela instituição educacional certamente não é uma tarefa fácil. Como o tempo escolar é limitado, e mesmo que se prolongasse a escolarização, seria preciso escolher entre os potencialmente inúmeros conhecimentos criados pelo desenvolvimento e a multiplicação dos campos de saber. A questão da escolha entre os conhecimentos não é nova. Condorcet queria que os saberes transmitidos e os conhecimentos adquiridos fossem escolhidos de maneira a dotar os alunos de formas de reflexão e dos conteúdos de saberes que lhes permitissem exercer uma autonomia real na sua atividade individual e na sua função pública. O traço mais marcante das *Cinco Memórias sobre a Instrução Pública*, de Condorcet, que será mais tarde prolongado por Jean Jaurès e Antonio Gramsci, é ter compreendido que o governo democrático supunha a extensão a todos dos conhecimentos básicos, vinculados ao que se estabeleceu como verdadeiro em uma determinada época, mas também a universalização da *capacidade* de contribuir para o progresso dos conhecimentos, a fim de que "cada um se torne uma parte ativa do grande todo e o cooperador de uma obra eterna" (Condorcet, 1994, p. 71). Ao objetivo da independência individual, almejado pelo republicanismo de Condorcet, foi acrescentado mais tarde, com o socialismo, o do autogoverno no campo do trabalho. Com a ecologia, um deslocamento considerável está ocorrendo hoje: é o conjunto das relações que a espécie humana mantém com o mundo físico, vegetal e animal que deve ser objeto de uma grande interrogação, pelo acesso a novos saberes fundamentais. A cultura comum que a democracia por vir pressupõe deve integrar estas três dimensões: a autonomia

126

individual, o autogoverno popular e a responsabilidade para com a terra.

A cultura comum, a sociologia e a ideia de igualdade

O projeto educacional moderno, tal como formulado no fim do século XVIII, baseia-se na ideia de que é necessário que todos os membros de uma sociedade disponham de um certo número de referências compartilhadas, de uma língua comum, de um domínio da leitura e da escrita, e de conhecimentos que permitam as trocas entre indivíduos, os quais se repartem entre funções sociais e econômicas especializadas. É assim que Durkheim o considerava em sua célebre definição de educação: "A sociedade só pode viver se houver entre seus membros uma homogeneidade suficiente: a educação perpetua e reforça essa homogeneidade, fixando de antemão na alma da criança as similitudes essenciais exigidas pela vida coletiva. Mas, por outro lado, sem uma certa diversidade, toda cooperação seria impossível: a educação garante a persistência dessa diversidade necessária, diversificando-se ela mesma e especializando-se. [...] A educação é, portanto, para ela [a sociedade] apenas o meio pelo qual ela prepara no coração das crianças as condições essenciais de sua própria existência" (Durkheim, 1985, p. 50). Para muitos republicanos, essa "homogeneidade" necessária à consciência nacional poderia residir em um mínimo comum, o "estritamente necessário" para a coordenação das atividades e a eleição dos "representantes da Nação". A ideia de uma "bagagem comum" estava ligada à missão atribuída à escola republicana de formar eleitores, de constituir uma *comunidade nacional de cidadãos* dotados de capacidades linguísticas e conhecimentos mínimos. Esta ideia está, portanto, ligada ao progresso da igualdade, como toda a história da educação o demonstra. A ideia segundo a qual os saberes são por direito acessíveis a todos só podia prevalecer a partir do momento em que as ideias igualitárias entre os indivíduos, quaisquer que sejam suas origens e seus sexos, tivessem sido suficientemente difundidas e aceitas na população (cf. Bouglé, 1925). Em uma sociedade de castas ou ordens, dificilmente se pode imaginar que a cultura possa ser comum. Ela é, por definição, apanágio de uma casta ou de uma ordem. Da mesma forma, em uma sociedade tradicional e patriarcal, a questão de uma cultura idêntica para os meninos e as meninas não se apresenta. Na realidade, nenhuma "cultura comum" é concebível enquanto reina uma forte hierarquia social e sexual, ela mesma determinando completamente a hierarquia social e de gênero dos saberes. A questão da cultura comum, portanto, não é tão nova quanto se poderia pensar: ela remonta à era da democracia. No entanto, mesmo reduzida ao mínimo, ela permaneceu uma *promessa não cumprida*, ou mais exatamente, permaneceu vinculada a uma concepção muito estreita da democracia na qual a igualdade buscada é civil e política, mas não social nem econômica. Ora, uma cultura verdadeiramente comum só é concebível se a democracia significar igualdade real entre indivíduos e a participação na tomada de decisões da imensa maioria da população de um país.

Não se pode, portanto, confundir o sentido dado pelas políticas neoliberais aos termos "base comum" ou "mínimo cultural comum" e o sentido democrático que aqui damos à cultura comum[53]. O primeiro corresponde ao funcionamento

---

53. O relatório do Collège de France de 1985, escrito por Pierre Bourdieu, não rompeu com essa concepção: "Respeitando os particularismos culturais, linguísticos e religiosos, o Estado deve assegurar

de uma sociedade econômica e politicamente hierarquizada, o segundo a uma sociedade realmente igualitária, onde cada um é chamado a ter "responsabilidade pelo mundo" e a participar ativamente das deliberações e decisões coletivas. É por isso que, quando falarmos de *cultura comum*, sempre denotaremos a *cultura comum democrática e ecológica* que abrange os conhecimentos necessários à participação efetiva da vida democrática e ao cuidado que se deve ter para com todos os *habitats*, e que, pela sua finalidade mesma, obedece a valores determinados. Falar de cultura comum democrática é dizer que todo "relativismo de valores" está excluído de fato. Não se pode admitir nesta escola nada que vá no sentido da dominação de classe ou patriarcal, nada que reforce o egoísmo social e a ganância sem limite, nada que vá de encontro à liberdade de pensamento e de investigação científica, nada que comprometa a liberdade de dúvida e de discussão. Em outras palavras, e para colocar os pingos nos is, tal cultura comum deve ser igualitária, laica e racional, realmente universalista, e não pode promover os valores capitalistas, nem apoiar o obscurantismo religioso, nem aceitar os preconceitos identitários e nacionalistas, nem tolerar todas as interdições de pensar que acompanham essas lógicas antidemocráticas.

A cultura comum em toda a sua amplitude

A cultura comum democrática e ecológica não pode ser reduzida à "cultura nacional". O imaginário democrático,

---

a todos o mínimo cultural comum que é a condição do exercício de uma atividade profissional bem-sucedida e da manutenção do mínimo de comunicação indispensável ao exercício esclarecido dos direitos humanos e cívicos" (cf. Bourdieu, 1985).

durante muito tempo, encarnou-se na nação, comunidade de cidadãos que compartilham um mesmo destino. A partir do século XVIII, a escola tornou-se historicamente uma obra de *educação nacional*, de educação *pela* nação, relegando aos poucos a religião ao segundo plano, uma vez que se tratava de formar os cidadãos e não mais exclusivamente cristãos fiéis ao seu soberano. Uma das dimensões do projeto escolar republicano consistia em promover um novo tipo de base cultural, de marcos simbólicos, de comunidade linguística. O objetivo da escola era fabricar um "espírito nacional", ou, em outros termos, inscrever os indivíduos em uma "comunidade imaginária" nacional (cf. Anderson, 2006). A escola tal como ainda a conhecemos hoje é inseparável desse formidável empreendimento político de nacionalização das sociedades e dos indivíduos. Gérard Noiriel observa com razão que, "qualquer que seja o conteúdo dos programas, o simples fato de criar uma educação 'nacional', difundindo no conjunto da população que vive no território o mesmo programa escolar, a mesma língua, a mesma história, a mesma literatura, só podia favorecer entre os indivíduos concernidos o sentimento de pertencer a uma mesma comunidade de referência" (Noiriel, 2005, p. 200). É isso que faz com que a cultura tenha então podido ser concebida como o patrimônio da nação, cuja transmissão seria garante de uma identidade nacional, ideia muito presente tanto na ótica republicana quanto na ótica tradicionalista.

O que fazer, então, do passado nacional e da cultura nacional em uma sociedade democrática futura? Não é possível trazer de volta a um mundo amplamente aberto um ensinamento cujas indispensáveis coordenadas coletivas seriam exclusivamente nacionais, como nos tempos da construção dos Estados-nações. Seria obviamente estúpido, ao contrário, manter fora da escola o que a nação como realidade histórica objetiva contribuiu em matéria de obras artísticas, filosóficas ou científicas para a humanidade, e, sobretudo, privar os indivíduos da história nacional que os constituiu como *indivíduos nacionais*, a começar pela aprendizagem aprofundada da sua língua materna, oral e escrita. A cultura comum hoje, embora deva evidentemente transmitir essa parte nacional que singulariza as sociedades umas das outras, deve dar espaço às especificidades territoriais ou às línguas regionais, sem regredir para uma identidade exclusiva, mas também para domínios estrangeiros, ou, mais precisamente, conceber a cultura nacional como uma parte de uma cultura humana extremamente diversificada. Melhor: como um produto de contribuições culturais muito diferentes, sem as quais não se pode apreciar sua originalidade. Nesse sentido, a cultura comum deve hoje ser ao mesmo tempo nacional, plural e cosmopolita. Dito de outra forma, ela só é comum porque é feita de várias culturas, porque é *plural*.

A cultura comum democrática e ecológica tampouco se confunde com a "base comum de competências" tal como definida pela OCDE e pela Comissão Europeia, e que se tornou, por transposição, a "base comum de conhecimentos e competências" na lei Fillon de 2005. É evidente que a escola igualitária deve a todos os alunos a mais completa aprendizagem possível de leitura, escrita e cálculo, e que seria errado desprezar essa exigência fundamental para qualquer cultura comum. O exame dos métodos mais aptos para alcançá-la é perfeitamente legítimo se não se transformar em injunções hierárquicas, mas mobilizar a profissão docente em uma mentalidade experimental. No entanto, a ideia de uma "base de competências" não só obedece a esta primeira condição como introduz um viés contestável. A massificação dos efetivos da escola tem sido o pretexto para se questionar as finalidades culturais da escola. A escola foi exortada a dobrar-se à competição social e às finalidades profissionais, ela obedeceu ao modelo *utilitarista* que domina há pelo menos trinta anos. Esta concepção, preconizada pelas grandes instituições econômicas, financeiras e comerciais (OMC, OCDE, Banco Mundial, Comissão Europeia) e amplamente difundida pelos governos nacionais, tem por conceito central o capital humano e por finalidade a futura empregabilidade de alunos e estudantes. A educação tem por objetivo principal, senão exclusivo, nas versões mais duras do novo dogma, dotar a mão-de-obra de competências, conhecimentos e disposições pessoais destinadas a aumentar a eficácia produtiva e comercial das economias e melhorar a posição social e financeira do indivíduo. Essa concepção individualista e utilitarista de educação não é um anexo do programa de sociedade neoliberal. Ela está no cerne deste projeto e sustenta a sua implementação. Conceber a educação como uma formação de capital humano, nesse sentido, é um aspecto de uma visão mais global da existência humana como acumulação de bens privados. Essa concepção, que participa de um assujeitamento da totalidade da existência à lógica capitalista, está nos antípodas do que deveria ser uma cultura comum democrática e ecológica.

Ao modelo utilitarista da base de competências, frequentemente opõe-se o das humanidades clássicas. A cultura comum democrática e ecológica não pode se limitar à simples reafirmação da "cultura geral" no sentido que o humanismo antigo lhe dava. O ideal da "cultura geral" está associado à cultura desinteressada, ornamental, uma espécie de adorno de um "homem honesto" que deve distinguir-se do homem da especialização profissional[54]. Por um paradoxo que pode surpreender quando se conhece o combate conduzido contra esse modelo de ascendência jesuíta pelos enciclopedistas do Iluminismo e pelos republicanos positivistas do século XIX, o ideal das humanidades é ainda assimilado ao da cidadania e da racionalidade, em detrimento da cultura científica especializada. É que a noção de "cultura geral" foi na realidade construída sobre um duplo alicerce, o prestígio por muito tempo preservado das humanidades clássicas, e a oposição ao saber para fins práticos ou profissionais. Ideal da gratuidade desinteressada, a noção de "cultura geral" remete à divisão estéril entre duas "culturas", literária e científica. No plano da formação de alunos "científicos" ou "literários", ela tem levado a compartimentalizações culturais e a fechamentos intelectuais que são muito prejudiciais para uma real formação... geral.

Literatura e democracia

Mas em um outro sentido, sabemos que, desde o início do século XX, são as disciplinas científicas que são, senão as mais prestigiosas simbolicamente, pelo menos as mais eficazes social e profissionalmente. O risco desta vez é que a "cultura clássica" seja liquidada, o que consistiria em afastar a maioria dos jovens de referências essenciais em todos os campos culturais, e, portanto, negar-lhes o acesso às artes e

---

54. Segundo o famoso ditado do pedagogo Octave Gréard, que desempenhou um papel importante na política escolar da Terceira República, a cultura geral era "tudo o que não é permitido ignorar", implicitamente para não passar por um grosseiro.

aos saberes que os constituíram. Foi um grande erro de parte do movimento operário denunciar essa cultura clássica como "aristocrática" ou "burguesa". Jaurès é um dos que mais terão feito para combater tudo que pudesse assemelhar-se a um niilismo falsamente proletário ou a um utilitarismo demagógico. Sua ontologia da unidade do ser humano em busca de justiça o levou antes a pensar que a educação devia ter por princípio a aliança da "força do trabalho" e da "força do saber", o que, no plano da formação, devia traduzir-se na complementaridade ideal da cultura científica e técnica e da cultura humanista tradicional. E foi isso que o levou a aconselhar aos mestres do primário a fazer sentir e reconhecer o "gênio próprio" de cada um dos grandes autores que ele amava, e a citar Corneille, Hugo, La Fontaine, Bossuet e Michelet. O desafio? Que as crianças de hoje tornadas adultas "não se afastem mais, durante toda a vida, desses grandes rios cuja corrente, cor e qualidade das águas elas saberão discernir" (Jaurès, 2012a, p. 316-317). A mais alta cultura literária é essencial para a vida de todos, mesmo dos mais humildes, afirmou. É essencial para o vínculo entre as gerações, mas também para os vínculos entre os contemporâneos. Referência comum, imaginário comum, a cultura literária não pode se reduzir ao manejo estratégico do "bom gosto" das classes cultas. Longe de marcar uma fronteira de classe, como pode ser o caso ainda hoje, a cultura literária deve fundar uma sensibilidade comum, essencial a qualquer coletividade democrática e igualitária. Mais mesmo que "raízes comuns" ou um "patrimônio comum", ela é um meio de liberdade à disposição de todos aqueles que não consentem nas palavras mentirosas dos poderosos. Para evitar a reconstituição sempre possível de uma classe de poder, todos os cidadãos de uma sociedade democrática devem, portanto, dispor dessas armas poéticas, paródicas, críticas, polêmicas e imaginativas que a literatura oferece. Elas são necessárias para a compreensão dos textos, de todos os textos, mas também para adquirir um certo espírito de subversão indispensável à democracia, espírito que se forma com a riqueza infinita das experiências humanas relatadas pelas ficções narrativas. Além disso, a cultura literária, como de forma mais geral a cultura estética, permite compreender melhor que a história humana é feita da criação de formas sensíveis e imaginativas, que a humanidade cria a si mesma por suas obras. Nada é mais democrático do que esta lição (cf. Gally, 2006).

Não se pode compreender o desinteresse de muitos alunos pela cultura literária sem questionar o papel que lhe foi imposto na instituição escolar. É notável que o que poderia ser a experiência mais feliz e significativa da infância e adolescência seja frequentemente reduzida a um conjunto de tarefas repetitivas para adquirir um saber técnico que não é prazeroso nem provido de sentido. Como chegamos, por exemplo, a um ensinamento literário que, no dizer dos especialistas, não suscita o gosto dos alunos[55]? Não basta responder que a literatura foi destronada pela imagem, pelos *videogames* ou pela música entre os jovens para se obter uma resposta a essa pergunta[56]. Esse suposto "desinvestimento literário" da era moderna, que se deveria ao imediatismo e ao intimismo do indivíduo, serve de álibi para o discurso

---

55. Cf. Enquete TNS-Sofres de outubro 2003, *apud* Bentolila, 2004.
56. Como o fazem os autores de *Conditions de l'éducation*, Blais *et al.*, 2008, p. 98ss.

conservador. Ao denunciar as falhas do presente, este último isenta as escolhas de ensino que, por medo da política e da sociologia (uma referência que horroriza o discurso conservador), recusam obras em sintonia com a realidade vivida pelos alunos. Mas o que dizer ainda da repressão do prazer do texto por jargões técnicos e exercícios fastidiosos que deveriam ser deixados para os últimos anos de estudos universitários ou para a preparação para o concurso de professor de gramática? Se é preciso renunciar à abordagem exclusivamente patrimonial, seria preciso também evitar a outra armadilha, aquela do "metodologismo" e do "formalismo" que só quer ver no texto um pretexto para a sua dissecção técnica. Não é demagogia pensar que todo ser humano jovem gosta do manuseio de palavras, ritmos, sonoridades, significados imaginários e ficções, desde que os textos não estejam distantes *demais* dele e não lhe sejam apresentados como um tecido de "figuras" e "tropos" a serem isolados e comentados. O que não é renunciar ao literário mesmo, em sua diferença dos demais usos da língua, nem à correção da língua ou da ortografia.

A importância da ficção literária na democracia não se limita à dimensão do prazer do texto. A literatura é o sentido dos possíveis, a ideia da perfectibilidade indefinida, do questionamento permanente. Segundo a fórmula muito forte de Jacques Derrida: "Não há democracia sem literatura, não há literatura sem democracia. A literatura é uma invenção moderna, ela faz parte de convenções e instituições que, para reter apenas este traço, asseguram-lhe em princípio o *direito de dizer tudo*. A literatura vincula assim o seu destino a uma certa não censura, ao espaço da liberdade democrática (liberdade de imprensa, liberdade de opinião etc.)" (Derrida,

1993, p. 64-65). Esse poder indefinido da ficção e esse direito de dizer tudo e imaginar tudo são, sem dúvida, um dos mais eficazes antídotos contra as formas mais dogmáticas de discurso religioso, político e econômico, que são tantos obstáculos à "democracia por vir".

A história ao largo

Ao invés de sustentar, à maneira de Hannah Arendt, que a educação é por natureza "conservadora" (cf. Arendt, 2012a), seria melhor enfatizar sua dimensão necessariamente *histórica*, no sentido de que uma das suas principais funções é introduzir todos os novatos na narrativa que uma sociedade produz sobre si mesma, sobre seu passado e sobre o vínculo que estabelece entre o passado que ela se dá e o futuro que ela se propõe. É claro que isso certamente requer, como Durkheim o lembra, que a história tal como se a escreve e a conta não seja considerada a consequência de decisões de alguns grandes homens, mas o produto da "ação dessas forças coletivas e anônimas que conduzem os povos porque são obra dos povos, porque emanam não deste ou daquele indivíduo, mas da sociedade como um todo" (Durkheim, 1992, p. 234). A função antropológica do ensino de história é fundamental. É a melhor maneira de contrariar as ilusões individualistas e presentistas que são tão poderosas na mente de muitos jovens marcados pelo espírito capitalista da "tábula rasa". Durkheim enfatizava que o ensino da história deve fazer com que os alunos vejam "não somente como, a cada momento, cada um de nós sofre a ação coletiva de todos os seus contemporâneos, mas também como cada geração depende das gerações anteriores, como cada século, qualquer que seja, continua a obra de seus antecessores, caminha pelo caminho que lhe traçaram" (Durkheim, 1992, p. 234). Jaurès, por outro lado, teria insistido mais claramente nos efeitos da ação coletiva na evolução dos direitos e na melhoria das condições de vida. Na democracia, é de fato importante que o poder emancipatório do conhecimento do passado, ou ainda, para retomar uma formulação mais recente, que a "história como emancipação" constitua o princípio filosófico do ensino da história (cf. De Cock *et al.*, 2019, e também as reflexões sobre a história de Jérôme Baschet, 2017). Porque ao necessário lembrete de uma ancoragem do presente na dimensão histórica, convém acrescentar que um ensino objetivo da história já não deve limitar-se apenas à longa série de poderes instituídos, grandes homens, hierarquias tradicionais e discursos oficiais, como foi o caso por muito tempo. Esse ensino já não pode ignorar a relação entre dominados e dominantes em diferentes épocas, não só as formas do poder, mas também as lutas e conflitos que marcaram a história das sociedades, sem esquecer as formas como os dominantes buscaram controlar a memória das populações até hoje excluindo do "romance nacional" os vencidos, as mulheres, os invisíveis e os sem voz. O "roubo da história" que Jack Goody pôs em evidência não concerne somente à representação do mundo imposta pela Europa, mas também à memória socialmente seletiva da história de cada país (Goody, 2015). Como o escrevem, muito justamente, Laurence de Cock, Mathilde Larrère e Guillaume Mazeau, a história emancipatória não é apenas a "história dos de baixo", ela é a história plural e relacional das hierarquias, das dominações e das lutas (de Cock *et al.*, 2019, p. 31ss.).

Para além do ensino da história, a educação democrática deve superar o profundo nacionalismo que impregnou o currículo escolar durante vários séculos, e que torna o horizonte nacional uma clausura demasiadamente estreita para a compreensão da situação na qual cada país e até mesmo cada indivíduo se encontram. A única questão válida aqui é de saber como, em cada disciplina, esse horizonte deve ser ampliado, muito além das fronteiras, para a humanidade inteira. Se tomarmos a cultura científica, qualquer que seja, aliás, a especialidade da qual estejamos falando, evidentemente não faz nenhum sentido considerá-la hoje de um ângulo puramente nacional. Mas o mesmo pode ser dito da filosofia. Como podemos continuar a ignorar seções inteiras da filosofia árabe, indiana, chinesa e até mesmo anglo-saxônica no ensino francês? Quanto à literatura, será que é ainda concebível que ela seja ensinada à maneira de um "patrimônio" nacional que teria sido constituído século após século segundo uma evolução endógena, confinada desde sempre nas fronteiras de uma nação que, aliás, não existia à imagem da de hoje? O ensino de línguas certamente permite uma abertura para a cultura de países estrangeiros pelo estudo de certos textos autorais, mas geralmente é bem pouco. Também é necessário rever inteiramente esse estreito identitarismo literário e estético que estrutura até hoje o ensino das humanidades. E este talvez seja aliás o momento de redefinir estas últimas tomando-as literalmente: a escola já não deve ignorar as diferentes civilizações, as diferentes humanidades da Humanidade.

Certamente a tarefa mais específica do ensino de história e de geografia é descentralizar o olhar espontâneo dos indivíduos nacionais e fazê-los apreender o que a sua própria história deve à história mundial, como, aliás, Michelet o havia proposto, em uma visão prometeica de liberdade, quando escreveu: "Não seria demasiada a história do mundo para explicar a França" (Michelet, 1831). O empreendimento editorial dirigido por Patrick Boucheron, que consiste em pensar a história da França como uma "história mundial" é um primeiro passo em uma direção que poderia ser estendida a todos os níveis de ensino (Boucheron, 2017). O mesmo se aplica obviamente à geografia, que por muito tempo esteve confinada nas "fronteiras naturais" dos países.

Mas talvez alguém pergunte: será que a cultura comum não corre o risco de se dissolver se não lhe for atribuída nenhuma fronteira? A função da cultura não é fornecer um "solo", "raízes" e "limites"? Esse imaginário territorial da cultura deve, obviamente, ser levado a sério. Mas, em vez de tomá-lo do ponto de vista normativo ou axiológico, conviria que a transmissão de uma tradição, qualquer que seja, permanecesse regida pelo imperativo de objetividade e racionalidade. Obviamente, pensamos aqui na história e na sociologia das religiões, que devem ser integradas aos conhecimentos fundamentais de todos. Poderíamos ter o mesmo raciocínio acerca da necessidade dos ensinos artístico, político, sociológico etc. que não devem ser deixados exclusivamente aos gostos e opiniões das famílias.

Uma nova coerência antropológica

Diz-se por vezes que o ensino já não tem coerência, que já não está ordenado a uma concepção óbvia da sociedade e do seu futuro, que está doravante submetido ao caos e à anomia das sociedades individualistas. Na realidade, o discurso dominante hoje submete a escola a duas lógicas mais complementares do que contraditórias: o neoliberalismo e o velho nacionalismo autoritário. Como a democracia poderia dar uma nova coerência aos saberes ensinados? O "princípio educativo", para retomar a expressão de Gramsci, sempre se baseia em um certo ideal social. Os modelos religiosos, positivistas, produtivistas do homem, todas essas figuras antropológicas perderão sua relevância em uma sociedade democrática e ecológica. O desafio da democracia por vir é vincular o conhecimento dos homens em sociedade e o dos processos naturais. Em poucas palavras, o que hoje é comumente chamado de a "era do Antropoceno" requer uma nova coerência dos saberes na era das catástrofes climáticas engendradas pelo capitalismo. A situação atual demanda uma nova "antropologia" que sustente a articulação racional da filosofia, da história-geografia, das ciências sociais e das ciências da vida e da terra. Já não estamos na idade das velhas humanidades servindo à glória do homem. A grande novidade dessa antropologia seria a importância que conferiria ao estudo objetivo dos diferentes sistemas sociais, culturais e econômicos que compuseram a história humana até o presente, abrindo espaço para as diversas relações, segundo as culturas e as crenças, das sociedades com os meios naturais. Ela até mesmo faria dessas relações o *novo fio condutor da educação*, em ruptura com as concepções ocidentais tradicionais baseadas no domínio tecnocientífico da natureza concebida como reservatório de recursos disponíveis, visão hoje no mínimo inadequada às perguntas que vão ser feitas às novas gerações. Não se propõe aqui acrescentar um "componente ecológico" aos ensinamentos existentes. Propõe-se extrair as consequências no ensino de uma recomposição do campo dos saberes em curso em torno da questão agora crucial da relação dos humanos com as próprias condições de habitação da Terra (cf. sobre este ponto Bonneuil *et al.*, 2013, p. 53). Isso implica reconhecer a especificidade da "ontologia" ocidental, para retomar o conceito de Philippe Descola (cf. Descola, 2015), interrogar sua vinculação com a organização econômica capitalista, e compreender as consequências de sua expansão sobre o planeta há cinco séculos.

Colapso da biodiversidade, aquecimento global, reiteradas pandemias: deve-se incluir na cultura comum uma sólida análise histórica documentada sobre as razões pelas quais o sistema econômico capitalista conseguiu livrar-se das condições naturais que permitem aos homens viver na Terra e destruí-las de forma, em parte, irremediável (sobre o conceito de "capitalismo fóssil", cf. Malm, 2016 e 2017). É toda a consciência histórica que é afetada, porque a finitude é doravante a sua marca em vez da ilimitação, e todos os saberes são pouco a pouco perturbados. Ora, desse ponto de vista, já não é possível considerar a "natureza" de fora, como se ela fosse composta apenas de processos inteiramente independentes da história humana. Conviria, portanto, se quisermos dar uma chance à ação política contra o aquecimento global e a destruição da diversidade da vida na Terra, integrar na cultura comum a história específica dos efeitos do capitalismo industrial sobre os ciclos naturais (cf. Debeir *et al.*, 1992). A que, obviamente, deve-se acrescentar a história das lutas ecológicas que buscaram abrir caminho para economias descarbonizadas e das resistências que encontraram. É nesse espírito que se poderia reconsiderar a ligação entre as partes divididas da cultura, entre as ciências da natureza e as ciências do homem.

Saberes pletóricos

Essa recomposição da cultura comum é uma reorganização, não uma enésima forma de sobrecarregar os programas de ensino. É trivial que se reclame: a maioria dos programas do colégio e do liceu são absurdos em sua amplitude desmesurada. Mas será que os programas têm por função principal definir o que deve ser aprendido pelos alunos, ou será que eles cumprem múltiplas funções ocultas, de controle social e profissional sobre os professores, por exemplo, de luta entre disciplinas, ou mesmo de reconhecimento em face do ensino superior? Conviria, assim, trazer à luz todos os implícitos que envolvem a fabricação e os usos dos famosos programas, que, longe de serem sempre "enciclopédicos", como se diz, frequentemente são simplesmente pletóricos. Essa fabricação não se baseia em um critério de receptividade por parte dos alunos nem em um critério de viabilidade por parte do professor. Esse volume, como muitos aspectos deploráveis da educação de hoje em dia, decorre do que Freire chamava de "concepção bancária" do ensino, qual seja a ideia de que o que está em jogo é encher o máximo possível a "conta bancária" do aluno. Diz-se às vezes, e com razão, que o ponto de vista dos alunos é negado, e que só importa a consideração do *máximo de conhecimento* possível. Esse máximo de conhecimento, que na maioria das vezes excede o assimilável, acarreta um menor conhecimento real. Esse fenômeno está indubitavelmente ligado aos interesses burocráticos ou aristocráticos que só podem atuar livremente despojando os professores de todo poder de fala quanto às suas práticas reais perante alunos de verdade. Ele também está relacionado ao "currículo oculto" do ensino, que nada mais é do que o trabalho de seleção social ao qual se dedica o ensino de massa em uma sociedade de classes. "Encher" os programas, e controlar os professores direta e, sobretudo, indiretamente para que sejam constrangidos pela impossibilidade de "concluí-los", é matar dois coelhos de uma cajadada só: escravizar os professores ("completar o programa" torna-se para muitos a *ultima ratio* da sua profissão), e classificar os alunos conferindo uma vantagem considerável para aqueles que vão muito mais rápido do que os outros, e isso sobretudo porque o professor não tem tempo a perder com os "retardatários". Em outros termos, a saturação do currículo é projetada para "dar mais a quem tem mais" na maior "indiferença às diferenças". Como explicar que as fórmulas da mais antiga sabedoria pedagógica, segundo a qual mais vale uma cabeça bem-feita do que uma cabeça bem cheia (Montaigne), sejam nesse ponto desmentidas pela realidade, senão supondo-se que a reflexão sobre os conhecimentos adquiridos, suas relações com as realidades e suas relações entre si, reflexão essa que exigiria, sobretudo, tempo, seja vista, mais ou menos conscientemente, como um perigo para o próprio poder?

O necessário tempo de reflexão sobre o conhecimento é substituído por uma racionalização tecnicista e taylorista das formas de ensinar e avaliar. Essa paixão pela avaliação sistemática cada vez mais refinada e uniformizada, essa normalização técnica dos programas que introduz o taylorismo mais desprovido de sentido na educação, transformam escolas, colégios e liceus em fábricas de produtos padronizados. Essa tendência foi acompanhada por uma desvalorização de tudo o que não era imediatamente eficaz, totalmente mensurável e calibrável por instrumentos de avaliação ditos científicos. Toda dimensão de gratuidade e prazer na aprendizagem da cultura, toda capacidade reflexiva, toda criatividade, toda imaginação e toda liberdade de expressão vão sendo progressivamente ameaçadas em prol de exercícios altamente codificados que pretendem obter um rendimento pedagógico elevado e permitir uma objetivação e uma avaliação de competências supostas incontestáveis. E isso bem aquém do ensino secundário, já concebido e organizado como um processo industrial de produção de notas, com a extensão até o próprio bacharelado, ele próprio de "avaliação contínua", expressão notável do inconsciente burocrático. Desde o ensino da grande seção de maternal, as crianças são submetidas a testes de desempenho, para "identificar as necessidades dos alunos". Em determinadas disciplinas, os temas a serem estudados, os conceitos, os caminhos a serem percorridos para tal demonstração são indicados e cronometrados com antecedência, como pode-se fazê-lo com uma operação em uma linha de montagem mediante uma cronometragem padronizadora. Este taylorismo avaliativo aperfeiçoa, ao mais ínfimo detalhe dos saberes, uma divisão disciplinar que Auguste Comte já questionava quando falava desta "especialização dispersiva" que caracteriza o movimento das ciências modernas. Embora a divisão em disciplinas tenha virtudes de coerência interna dos conhecimentos, ela leva a negligenciar a síntese em prol da análise. Somente a criação de um dispositivo de transversalidade poderia compensar essa divisão, até certo ponto necessária, por uma cooperação sistemática entre professores de diferentes matérias, a fim de oferecer aos alunos um conjunto coerente de conhecimentos. Com efeito, as sobreposições ou, por outro lado, as indiferenças disciplinares devem ser evitadas por um trabalho coletivo que tenha por princípio que cada saber seja concebido como a condição de todos os outros.

Desierarquizar os saberes

A educação escolar atual tem outra falha ligada às categorias que estruturam suas divisões disciplinares, suas carreiras e seus estabelecimentos. Essas categorias são todas inércias históricas e obstáculos sociais à igualização real das aprendizagens. Sua impermeabilidade, embora dependa da organização histórica dos compartilhamentos entre disciplinas acadêmicas, deve-se também à divisão do trabalho entre grupos sociais e entre sexos. As clivagens mais "evidentes" e, portanto, mais ideológicas situam-se entre as matérias ditas concretas e as matérias ditas abstratas, ou entre as disciplinas técnicas e as disciplinas gerais, ou entre as disciplinas especializadas e a cultura geral. Que essas clivagens sejam, na realidade, superadas pela evolução dos sistemas técnicos que recorrem maciçamente à codificação e à simbolização, pouco importa em uma escola de classes. Na realidade, permitem "operacionalizar" a triagem escolar.

O problema hoje não é insuflar a "cultura geral" na formação de cientistas e técnicos, é superar a oposição entre as formas de cultura e de fazer, de modo que o espírito científico não seja considerado uma especialidade, como aliás não deveriam sê-lo o conhecimento das grandes obras do patrimônio literário e estético ou a invenção de objetos técnicos. A noção de cultura comum permite justamente superar a oposição dos saberes literários, científicos, técnicos e corporais que ainda estruturam amplamente os currículos e engendram formas de "naturalização" das distinções entre carreiras e entre alunos.

A oposição entre as culturas literária e científica está no princípio de uma separação entre os sexos que funciona muito bem nos estabelecimentos escolares até hoje. Por uma estranha e complexa inversão de valores, o que distinguia as classes dominantes, e que a vulgata marxista havia chamado de "cultura burguesa" feita de bom gosto pelas artes em geral e pela literatura em particular, tornou-se um conjunto de saberes e disciplinas academicamente desvalorizadas, devido ao seu baixo rendimento profissional no mercado de trabalho, embora na realidade conservem um bônus simbólico implícito. A cultura comum democrática deve superar esse tipo de divisão sexual da cultura, não só incentivando as meninas a estudarem ciências, mas fazendo com que ambos os sexos compartilhem a cultura comum, ao mesmo tempo científica, técnica e literária. É necessário evitar reproduzir o erro dos "modernizadores" dos anos 1960 que acreditavam que, devolvendo à ciência sua centralidade na cultura escolar, seriam rompidas as afinidades eletivas entre cultura escolar e meios favorecidos. A grande lição das décadas de 1970 e 1980, em uma época em que as matérias e séries com altos coeficientes científicos e matemáticos tornaram-se o quase-monopólio das crianças oriundas das classes dominantes, é que os trunfos da origem social não se limitam à cultura literária e estética, mas se estendem às matérias mais abstratas e mais distantes da "cultura de salão"[57].

A cultura comum deve incluir a cultura técnica desde o início da escolarização. A independência prática e a reflexão que ela permite, os conhecimentos de toda sorte

---

57. Para uma perspectiva histórica sobre a ilusão cientificista própria da "modernização", nos reportaremos às atas do colóquio de Amiens de março de 1968 (AEERS, 1969).

aos quais ela abre, o vínculo sistemático entre pensamento e atividade ao qual ela pode conduzir, pelo menos quando o ensino não é uma repetição rotineira, mas um raciocínio sobre a prática, fazem dela um componente essencial da cultura democrática. Da mesma forma, a lacuna entre a cultura técnica dita "prática" e a cultura científica dita "teórica" deve ser superada. Nada justifica a descontinuidade entre os artefatos da técnica e o conhecimento dos princípios que guiam sua realização, senão as dimensões sociais dessa separação entre os "operadores" e as elites científicas e administrativas do privado e do público. Um dos maiores obstáculos à constituição de uma sociedade democrática é a divisão do trabalho entre "trabalho intelectual" e "trabalho manual", entre "funções de concepção" e "funções de execução", divisão que se reproduz através das gerações. Essa oposição social, que a escola sozinha não pode abolir, poderia em parte ser superada por um ensino que proporcionasse aos alunos um domínio arrazoado dos princípios das técnicas e dos contextos nos quais se aplicam. Mas há três outras razões igualmente fundamentais para não mais se relegar a cultura técnica às classes mais populares, marcando assim a inferioridade simbólica em que a instituição a mantém. A primeira é que a cultura técnica é justamente o domínio que melhor testemunha as capacidades criativas do ser humano em relação ao seu meio, o que, nomeadamente pela história da tecnologia, pode nutrir a reflexão antropológica. A segunda é que os universos em que vivemos, os meios pelos quais trocamos e os nossos lazeres têm todos por mediação ferramentas técnicas que devem ser conhecidas para não se imporem tiranicamente a nós (cf. Hunyadi, 2014). Finalmente, a terceira razão, bem formulada por Guillaume Le Blanc, é que a cultura técnica nunca é mais do que o alicerce de toda cultura: "É toda a cultura que é técnica porque não há obra que não seja ligada a operações técnicas de qualquer natureza que sejam" (Le Blanc, 2005, p. 314).

O mesmo se aplica ao que Mauss chamava de "técnicas do corpo", componentes integrantes de uma concepção emancipatória da cultura comum. Esta última deve assim incluir o domínio muitas vezes ignorado ou relegado a segundo plano da cultura do corpo por meio da qual a humanidade se construiu inventando jogos e desafios físicos, e, com eles, regras comuns. Dois obstáculos ameaçam hoje a educação física e esportiva: o tradicional do desprezo pelas atividades físicas em nome da superioridade da mente, e o mais contemporâneo do alinhamento com os negócios esportivos, seu produtivismo e sua mercantilização.

Uma cultura esportiva democrática deve desenvolver práticas e técnicas do corpo que combinem o prazer e as emoções da rivalidade pacífica, da cooperação, da ajuda mútua e do respeito ao próximo. É também o caso das danças, das mímicas e das artes circenses que convidam os seres humanos a superarem obstáculos de forma gratuita e desinteressada. Os hábitos adquiridos nesses exercícios não deixam de afetar a capacidade de adaptação às circunstâncias ou as faculdades de intuição, invenção e antecipação que contribuem para a construção da personalidade. A experiência da solidariedade na adversidade, a canalização e a regulação da violência, o reconhecimento adquirido na atividade coletiva, a aceitação racional das regras comuns e sua implementação são saberes práticos cujo alcance depende tanto da antropologia quanto da ética e, sem dúvida, também de uma estética de vida. Michel Serres não se enganou ao expressar sua gratidão aos "professores de ginástica" que ensinam a pensar (Serres, 2020, p. 30-31). Encontramos a ideia em Philippe Descola quando, na linha da análise crítica que ele conduziu sobre o dualismo natureza-cultura, reflete sobre o lugar que o esporte teria no "universal da relação" à qual ele aspira (Descola, 2017).

O sistema escolar do futuro deve garantir que nenhuma série ou nenhuma disciplina venha a deter o monopólio da excelência e a obter o maior prestígio social, como, em diferentes épocas, podem tê-lo feito as humanidades clássicas e depois a matemática, relegando assim as outras disciplinas a uma posição simbólica e socialmente inferior. Uma escola democrática deve instaurar a desierarquização dos saberes e reduzir as lacunas de valor simbólico e social entre tipos de capacidades intelectuais. O que Bourdieu, um dos principais redatores das proposições do Collège de France de 1985, havia muito bem compreendido: "Por razões inseparavelmente científicas e sociais, seria neces-sário combater todas as formas, mesmo as mais sutis, de hierarquização das práticas e dos saberes – notadamente aquelas que se estabelecem entre o 'puro' e o 'aplicado', entre o 'teórico' e o 'prático' ou o 'técnico', e que assumem uma força particular na tradição escolar francesa – e ao mesmo tempo impor o reconhecimento social de uma multiplicidade de hierarquias de competência distintas e irredutíveis" (Bourdieu, 1985). Um dos limites, aliás assumido, desse relatório reside no fato de nenhuma con-dição sociopolítica para essa "revogação de hierarquias" ter sido apresentada, como se a escola tivesse o poder de igualizar os valores sociais concedidos aos diferentes tipos de saberes sem que houvesse fora da escola uma política voluntarista que modificasse a hierarquia entre as formas de trabalho na empresa – embora Bourdieu, ainda nesse mesmo relatório, pudesse escrever lucidamente que, "se o sistema escolar não tem o domínio completo da hierarquia das competências que ele garante, porquanto o valor das diferentes formações depende fortemente do valor dos postos que elas permitem ocupar, é certo que o efeito de consagração que ele exerce não é negligenciável: trabalhar para enfraquecer ou para abolir as hierarquias entre as diferentes formas de aptidão, tanto no funcionamento institucional (os coeficientes, por exemplo) quanto na mente de mestres e alunos, seria um dos meios mais eficazes (nos limites do sistema de ensino) de contribuir para o enfraquecimento das hierarquias puramente sociais" (Bourdieu, 1985). Não era pecar por "escolarismo" superestimar a possibilidade de uma desierarquização real, separando-a de uma política de conjunto que afete as estruturas sociais e a distribuição do poder na sociedade[58]? A "igual dignidade" dos saberes e das carreiras hoje é mais uma fantasia do que uma realidade, como depreende-se da hipocrisia escolar que pretende que não haja hierarquia entre os diferentes tipos de bacharelado, ou que a escola assegure o "sucesso de todos" graças à pluralização das formas deste sucesso.

---

58. Muitas vezes tomamos o exemplo da Alemanha, cujo sistema educacional não sofre a mesma desvalorização da cultura técnica, o que explicaria por que os trabalhadores e técnicos são mais bem tratados lá do que nas empresas francesas. A comparação entre sistemas é muito delicada. Esquecemos assim que a separação entre carreiras técnicas e carreiras gerais é muito mais precoce na Alemanha do que na França.

A "escola unitária" segundo Gramsci

O que deve desde agora guiar a definição de uma cultura comum é o futuro do trabalho nas sociedades ocidentais. Embora seja obviamente necessário preparar os indivíduos de amanhã para que suas habilidades profissionais individuais sejam reconhecidas socialmente, também é preciso lhes prover dos meios para serem algo além de trabalhadores subordinados na relação salarial. Dito de outra forma, trata-se de repensar a formação intelectual com vistas ao autogoverno popular, que implicará não menos cultura, mas muito mais, e todo um arcabouço técnico, científico, físico, literário, histórico e filosófico.

Nessa direção, não estamos partindo do zero. Certos teóricos do socialismo revolucionário lançaram as bases dessa reflexão. Na década de 1920, Gramsci expôs, em textos tão breves quanto densos, um projeto de "escola unitária" (*scuola unitaria*) para substituir a velha escola italiana em crise, mas igualmente dirigido contra a solução alternativa das escolas profissionais, as quais, segundo ele, apenas consolidariam e perpetuariam a divisão social. Gramsci constata, em um artigo consagrado à "organização da escola e da cultura", que a escola tradicional, fundada no ideal compartilhado da civilização humanista, está em crise devido ao impulso industrial e à especialização das atividades e das ciências, a tal ponto que, segundo ele, cada atividade leva à criação de uma escola diferente. A especialização e a diferenciação das escolas, bem como a tendência paralela de cada ciência e disciplina a desenvolver-se segundo a sua própria particularidade, são processos que põem em causa a escola humanista desinteressada, destinada a formar uma individualidade capaz de pensar por si mesma e de dirigir-se na vida de forma autônoma segundo os princípios do humanismo e do Iluminismo. Para Gramsci, portanto, não se trata de reproduzir o que já não tem razão de ser, mas de inventar uma nova forma de unidade da cultura para uma sociedade futura dirigida pelos trabalhadores.

Segundo Gramsci, não se pode estabelecer uma relação direta entre um conteúdo de ensino e o caráter de classe de uma escola. Contra aqueles que, na sua época, pensavam que a multiplicação das escolas profissionais em função das especializações e dos níveis de responsabilidade na divisão do trabalho permitiria substituir a antiga formação jesuítico-humanista, considerada intrinsecamente oligárquica, era garantia de democratização, Gramsci defende uma outra ideia da verdadeira escola democrática. Uma escola de classe, aos seus olhos, é uma escola da separação, quando "cada grupo social tem o seu próprio tipo de escola, destinado a perpetuar nesses estratos uma função tradicional, dirigente ou instrumental" (Gramsci, 1975, p. 145). Profissionalizar as escolas de forma precoce, sob o pretexto de responder às exigências da sociedade moderna, não é de modo algum democrático em si. Ao contrário, significa querer calcar o sistema escolar no sistema social e criar tantas escolas quantas castas e classes existirem[59]: "As escolas de tipo profissional, ou seja, preocupadas em satisfazer interesses práticos imediatos, levam vantagem sobre a escola formativa imediatamente desinteressada. O aspecto mais paradoxal é que esse novo

---

59. Esse tipo de escola diferenciada segundo as funções profissionais foi proposto já no século XVIII, pelos fisiocratas franceses. É precisamente contra esse tipo de decalque da escola na divisão do trabalho que Condorcet escreverá suas *Cinco memórias sobre a instrução pública*.

tipo de escola parece e é vangloriado como democrático, embora não somente se destine a perpetuar as diferenças sociais, como a cristalizá-las em formas chinesas"[60].

A solução não está, portanto, na diversificação das formações, como o queriam muitos dos seus camaradas comunistas, mas, ao contrário, na criação de uma "única escola inicial de cultura geral, humanista, formativa, que articule justamente o desenvolvimento da capacidade de trabalhar manualmente (tecnicamente, industrialmente) e o desenvolvimento da capacidade de reflexão intelectual" (Gramsci, 1975, p. 128). Essa perspectiva é inseparável de uma reformulação da organização da produção, do papel do trabalho intelectual e da participação popular na vida política. A educação deve formar os futuros coletivos de trabalhadores que se encarregarão da vida econômica e social. Os cidadãos da sociedade futura deverão ter ao mesmo tempo uma sólida "cultura geral técnica" e um conhecimento aprofundado da língua, da literatura, da história, da sociedade e da economia. A verdadeira revolução cultural não passa pelo sacrifício do precioso tesouro das humanidades, mas pela sua plena integração em uma cultura para todos, para além das especialidades. É a união de trabalhadores e intelectuais que deve ser preparada desde a escola, evitando-se aumentar a distância entre categorias que teriam muito pouco em comum no plano cultural para trabalharem juntas pela organização da sociedade. Todo o desafio político da cultura comum reside, portanto, na criação das condições intelectuais de uma democratização real da economia e da

---

60. Gramsci, 1975, p. 145. Por "formas chinesas" Gramsci quer dizer divididas segundo um sistema de castas.

sociedade. A finalidade da "escola unitária" não é a adaptação às novas condições de vida, mas o domínio dessas condições graças à unidade de trabalhadores e intelectuais, de trabalho e pensamento.

A luta dos valores

O imaginário do capitalismo já não deve encontrar lugar em uma educação apropriada para uma sociedade democrática e ecológica. Os valores de competição e exploração têm uma grande participação na degradação das relações entre o ser humano e os meios naturais, mas também na deterioração das relações dos seres humanos entre si e com a própria cultura. O produtivismo e a ideologia do trabalho também têm sua responsabilidade na alienação dos indivíduos e sua redução a um recurso econômico. Os danos às sociedades provocados pelo capitalismo são tão grandes quanto aqueles que degradaram as condições de habitação humana. A mercantilização do campo da cultura, de um lado, e, de outro, a concepção gerencial e tecnicista da educação afetaram gravemente o valor cultural dos saberes. De forma geral, a concepção proprietária e instrumental dos conhecimentos no capitalismo dito cognitivo fez da cultura e dos saberes ferramentas puramente operacionais destinados a aumentar um capital rentável. Para trazer tudo de volta à lógica produtiva, apenas acompanhamos o movimento do capital contemporâneo que subordina toda a subjetividade humana.

Impõe-se uma inversão: o conhecimento, as artes e a língua devem agora estar no cerne de toda a educação enquanto experiências simbólicas que permitem a ligação entre a existência individual e a vida coletiva. Convém reatar, a exemplo de André Gorz, com a ideia marxiana de uma realização do homem pelo desenvolvimento de todas as suas faculdades, e precisamente daquelas que são perfeitamente inúteis em termos de produção de valor econômico. Porque a instituição escolar deve esboçar um outro lugar da economia no qual as novas gerações já não se preparem para integrar uma sociedade do trabalho generalizado, mas para enriquecer por meio de suas atividades uma sociedade na qual o vínculo, a cultura, a arte e o cuidado sejam valores superiores. Em outras palavras, a educação democrática tem um papel importante a desempenhar para restaurar, não só na escola, mas em toda a sociedade, um valor plenamente humano à cultura e aos saberes a fim de que eles sejam considerados desejáveis por todos, ao invés da aquisição indefinida de bens materiais e da acumulação do capital.

Cultura legítima, cultura plural

Uma das vias possíveis é recusar a desvalorização dos saberes que não pertencem ao *corpus* da cultura até então considerada legítima, não para colocar tudo no mesmo plano, mas para obter o reconhecimento da pluralidade da cultura, da diversidade dos saberes na sociedade, sejam oriundos do ambiente de trabalho, do mundo da arte ou da ação coletiva. Qualquer cultura erudita e legítima, que pressuponha a sua autonomia porque tem as suas leis próprias, também se estabelece à distância de outras formas culturais que ela recalca e reprime, deixando à sua volta vastas praias de silêncio. Saberes operários e saberes camponeses, saberes e práticas estéticos, saberes insurgentes e críticos, saberes produzidos pelas associações, pelas ONGs, pelos sindicatos: se nem tudo dessa cultura dita "popular" pode ser ensinado, isso não deveria impedir a escola e a universidade de se abrirem a outras formas de saberes e de os confrontar aos corpos teóricos e científicos legítimos. A educação para todos, como dissemos, quer que os saberes científicos e escolares saiam dos muros das instituições e sejam difundidos no conjunto da sociedade. Mas, em outro sentido, é importante que esses saberes científicos, particularmente nos usos que deles fazemos, sejam objeto da mais ampla discussão coletiva possível. Já ocorreram experiências muito ricas nesse sentido, como as dos "júris-cidadãos" ou das "conferências de cidadãos" que institucionalizam as controvérsias tecnocientíficas com o objetivo de definir coletivamente um "bem comum" (cf. Testard, 2015). A educação democrática deve opor-se à dominação cientificista que desvalorizou a capacidade dos cidadãos de raciocinar sobre as questões sociais e ambientais das tecnociências, e marginalizou ou ignorou saberes que não eram oriundos das esferas científicas oficiais. Assim, os camponeses nunca puderam afirmar, em face do modelo produtivista sustentado pelos grandes laboratórios e institutos agronômicos, saberes menos onerosos em termos de insumos químicos. Conviria, portanto, ao mesmo tempo que transmitimos os resultados das pesquisas científicas, julgar o papel social da ciência, refletir sobre as condições de sua produção e de seus usos, e dar lugar, sempre que necessário, a saberes práticos e vernaculares, sobretudo quando estes últimos apresentarem aspectos despercebidos da realidade ou convidarem a práticas mais criativas ou mais protetoras dos *habitats*.

4
Em busca de uma pedagogia instituinte

A revolução pedagógica que temos em vista não se insere no conflito que opõe, no campo fechado da escola, os partidários de métodos ativos e inovadores aos da pedagogia tradicional, os que defendem o desenvolvimento da criança aos que se vinculariam, sobretudo, à transmissão dos saberes, os partidários dos métodos e os dos conteúdos[61]. Essas disputas encerram hoje seus autores em um escolarismo que mascara a função real da escola, elas impedem a reflexão sobre o que deveria ser uma escola realmente democrática. É preciso deslocar a questão para sair de um debate estéril. Qual pedagogia poderia melhor atender às necessidades humanas de uma sociedade democrática e ecológica?

O essencial deste capítulo incidirá sobre as pedagogias que procuraram desenvolver nos alunos condutas de cooperação em vez de condutas de competição, relações de solidariedade e atitudes de responsabilidade coletiva em vez da busca apenas do sucesso individual, uma autonomia individual e uma participação coletiva da deliberação em vez

---

61. Para uma crítica da separação entre "conteúdo" e "método" de um ponto de vista pragmatista, cf. Dewey, 2011, p. 249ss.

da passividade e da obediência à autoridade do mestre e à hierarquia administrativa. Essas pedagogias têm um duplo caráter: são "sociais", no sentido de que buscam desenvolver uma responsabilidade para com o grupo e além, para com a sociedade, no espírito da reciprocidade; elas são "democráticas", no sentido de que desenvolvem a participação efetiva dos alunos na elaboração da regra coletiva que eles internalizam e que os socializa. Nós as agruparemos sob a denominação genérica de *pedagogia instituinte*, denotando por isso o conjunto das pedagogias que fazem da democracia um princípio de funcionamento da instituição escolar e de formação dos alunos. Por que esse termo *pedagogia instituinte* para designar uma pedagogia ordenada à finalidade democrática? Primeiro, porque os termos em uso para designar as "outras pedagogias" são fonte de confusão. Falar de pedagogias alternativas ou de novas pedagogias levaria a confundir doutrinas, práticas e finalidades que pouco têm a ver umas com as outras. E isto porque, como já sublinhamos em trabalhos anteriores, o neoliberalismo escolar integrou numerosas críticas à pedagogia tradicional, e desenvolveu a sua própria agenda "alternativa" visando à formação de um capital humano posto à disposição de uma "economia de inovação". Qualificá-las como populares ou proletárias, à maneira de Célestin Freinet, exporia sua intenção igualitária e seu conteúdo de classe, mas não muito da maneira precisa como elas se empenham em formar cidadãos da democracia. Por fim, falar de pedagogias críticas, retomando uma expressão de Paulo Freire, sublinharia sua dimensão de contestação das formas de opressão e sua vontade de desconstrução das evidências da ideologia dominante, mas nada de sua positividade. Ora, o que precisamos destacar é o vínculo entre a prática da democracia na própria formação e aquela exigida por uma sociedade cujo funcionamento procederia integralmente do autogoverno.

A democracia como autogoverno pressupõe a atividade permanente de todos os membros da sociedade, sua capacidade de refletir sobre suas instituições e de agir em comum para mudá-las. E não há autorreflexividade da sociedade possível a menos que precisamente suas instituições sejam elas próprias concebidas como o resultado de uma prática instituinte permanente (cf. Castoriadis, 1990a, p. 113-139). Por atividade ou prática instituinte, denota-se a efetiva implementação do poder de criar e modificar coletivamente as instituições (cf. Dardot *et al.*, 2014, sobretudo o cap. 10, "La praxis instituante", p. 405ss.). A dificuldade, que nunca foi superada por nenhuma revolução, tem a ver com a capacidade da sociedade de manter a "tradição democrática", o que podemos chamar, com Castoriadis, de autoinstituição permanente da sociedade. Passar do desejo utópico à realidade pressupõe que os cidadãos tenham aprendido muito jovens a participar da reflexão e da ação coletiva sobre as instituições. Mas então nos deparamos com uma outra dificuldade: será que não há uma tensão, inerente às instituições de educação, entre a sua lógica necessariamente heterônoma, testemunhada pela obrigatoriedade escolar, e a sua finalidade que consiste em formar indivíduos autônomos individualmente e coletivamente? A autonomia não pode ser confundida com o livre capricho, com a negação dos conhecimentos racionais e dos fatos estabelecidos, ou com a "autoconstrução dos saberes". A educação democrática visa a formar cidadãos capazes de pensar, julgar, decidir e agir a partir de um ponto de vista racional, e isso só pode ser realizado introduzindo-se verdadeiramente os alunos e os estudantes na cultura erudita e nas obras do espírito. A questão, portanto, resume-se a perguntar-se como as instituições de educação permitem ou não que se assegure concretamente a experiência da autonomia a fim de que ela se transforme em uma dimensão subjetiva adquirida de forma duradoura. Isso pressupõe que a educação seja ela mesma autorreflexiva, concebida como um ambiente de deliberação, participação e tomada de decisão, ou, em outras palavras, que ela seja vista, em grande medida, como aberta a uma pedagogia instituinte. Se a escola fosse apenas um instituído, se tudo fosse estabelecido até os mínimos detalhes regulamentares, os alunos, assim como os professores, seriam privados de qualquer margem de ação e de qualquer desejo de interferir nos assuntos coletivos. De fato, é isso, aliás, que tende a se passar. Um dos problemas apresentados à educação democrática é, portanto, saber criar espaços e desenvolver práticas que permitam aos alunos e aos estudantes vivenciar essa experiência de atividade instituinte. Castoriadis resume assim a tarefa a ser cumprida: "A autonomia é criada enquanto se a exerce, uma pessoa se torna livre realizando atos livres, assim como se torna reflexiva refletindo – e pode-se facilitar as condições dessa criação e desse exercício. Esse é o papel fundamental da instituição" (Castoriadis, 2002, p. 152-153).

A lição inacabada de Durkheim

Para apreender a originalidade da pedagogia instituinte a ser inventada, devemos partir da análise durkheimiana da educação, que constitui tanto um método a ser discutido quanto o testemunho de uma época passada. Ela é pensada pelo sociólogo em termos de integração dos indivíduos em uma comunidade simbólica, o que confere ao próprio ato de educar um caráter explicitamente autoritário. Sempre educamos para integrar em uma sociedade que já existe e que, pela sua própria anterioridade, constitui-se autoridade para os indivíduos. Este é o sentido da célebre definição de educação que já mencionamos: "A educação é a ação exercida pelas gerações adultas sobre aqueles que ainda não estão maduros para a vida social. Seu objetivo é suscitar e desenvolver na criança um certo número de estados físicos, intelectuais e mentais que lhe são exigidos tanto pela sociedade política como um todo quanto pelo meio especial ao qual ela é particularmente destinada" (Durkheim, 1985, p. 51). Daí decorrem as disposições a inculcar: espírito de disciplina, educação da vontade, sentido e gosto pelo esforço, necessidade de sanção, e interiorização das normas e dos valores que regulam os comportamentos individuais. É apelando para um "conhecimento científico da sociedade" que Durkheim se autoriza a decretar tal modelo pedagógico. A ordem escolar preconizada e sua moral pretendem-se assim em plena conformidade com a ciência social do seu tempo, a qual se apresentava então como ciência da coesão da sociedade. Temos visto frequentemente nessa abordagem, e com razão, uma maneira de negar o conflito social, realidade, entretanto, tão universal quanto os mecanismos de solidariedade, mas classificada por Durkheim entre os fenômenos patológicos.

Se este baseava-se na história das sociedades para identificar leis gerais, não era por puro desinteresse, era para fundar cientificamente a escola laica, ou seja, uma escola sem fundamento religioso, ou mais exatamente fundada na "fé laica" na República. Durkheim acreditava, como muitos intelectuais de sua geração, que essa República devia propor um ideal comum de crenças, valores e saberes para unir a sociedade. E essa exigência era a seus olhos especialmente forte porque o novo regime, mal se havia instalado, já estava ameaçado. Os grandes conceitos da sociologia de Durkheim – anomia, consciência coletiva e solidariedade – são formas de conjurar as perturbações sociais do seu tempo, os conflitos que surgem incessantemente, e as desordens de toda sorte. Sua obra é mesmo guiada por uma obsessão: como preservar os laços sociais no mundo moderno onde os riscos de ruptura da sociedade se multiplicam?

A educação é uma parte da resposta, uma parte apenas, mas essencial. A educação não deve se contentar em transmitir saberes e *savoir-faire*, ela visa a produzir em cada indivíduo "uma disposição geral da mente e da vontade que o faça ver as coisas em geral sob uma determinada luz" (Durkheim, 1975, p. 37). A educação deve ser integral: ela vincula a formação intelectual da mente, a educação moral da pessoa e a educação política do cidadão. A prática pedagógica participa da criação de uma consciência coletiva que serve como reguladora dos desejos e das necessidades individuais, que os enquadra, orienta e lhes dá um sentido social. Como realizar essa "socialização metódica" das novas gerações pela internalização de normas e valores, como instaurar, em cada um, um *habitus* que lhe confira uma identidade coletiva? Em um espírito muito kantiano, a educação é feita para dar à criança o sentido do dever, o sentimento íntimo de que ela está, em primeiro lugar, *obrigada* para com a sociedade: "Se os homens se instruíram, não foi por si mesmos, por amor ao saber, ao trabalho; mas porque foram obrigados; eles foram obrigados a fazê-lo pela sociedade, que lhes fez disso um dever cada vez mais imperativo, foi por dever que os homens se cultivaram e se instruíram; foi por dever que adquiriram o hábito de trabalhar. [...] Ora, o que o homem fez apenas por dever no início da história, a criança só pode fazê-lo por dever ao entrar na vida" (Durkheim, 1992, p. 151). Essa integração moral, as estruturas tradicionais das sociedades primitivas e tradicionais a realizavam sem instituição escolar, de forma difusa e constante. Será então a Igreja que se encarregará dessa função, e depois a Educação Nacional, que é na época moderna a única instituição social, ao lado e acima da família, a assegurá-la. Daí o eminente papel moral da educação moderna organizada pelo Estado. Existem três principais "elementos de moralidade" a serem inculcados no aluno: o espírito de disciplina, o vínculo ao grupo e a autonomia da vontade. Um lugar importante é atribuído à disciplina, à penalidade e à autoridade do mestre. É neste último aliás que recai a maior responsabilidade nessa moralização do aluno. Os impulsos desordenados da criança, na origem da desordem social sempre possível na classe, devem encontrar no mestre o baluarte do interdito. A educação pressupõe regras impostas por meio de uma autoridade que é a única capaz de fazer o indivíduo sentir um poder moral. Essa autoridade de que o mestre deve se sentir investido só é eficaz se ultrapassar o mestre, que é apenas seu mediador. Ele só adquire sua autoridade *em nome* de um poder superior e do qual ele é apenas o representante. Outrora Deus, hoje a Sociedade. Todo limite e toda norma devem ser estabelecidos em nome de um princípio superior do qual recebem sua legitimidade e seu significado (Durkheim, 1992, p. 130-131).

Durkheim defende-se de toda propensão ao despotismo escolar, cuja existência ele não ignora. A regra só é tolerável se referir-se a uma razão que transcenda os indivíduos envolvidos, tanto o mestre quanto os alunos. O limite só é moral se servir a fins impessoais (Durkheim, 1992, p. 51ss. e p. 70ss.). O mestre não exerce autoridade em seu próprio nome, e se o faz, se impõe disciplina ou aplica punições exclusivamente segundo o seu desejo, então há apenas tirania pessoal. É isso aliás que determina a fragilidade de certos argumentos kantianos de Durkheim, segundo os quais a disciplina que o mestre faz reinar só tem sentido em si mesma e deve ser amada e respeitada por si mesma (Durkheim, 1992, p. 27ss.). Ainda mais arriscada é a ideia estritamente política segundo a qual em toda sociedade e em todo grupo a autoridade é o "grande motor que põe tudo em movimento", sendo o consenso coletivo apenas um efeito disso. Temos aí uma concepção bem pouco democrática da sociedade: "Assim como um estadista só pode governar um povo se tiver a opinião pública do seu lado, o mestre só pode governar sua classe se a classe acreditar nele. Mas esse sentimento coletivo que o sustenta já é um produto dessa autoridade que está nele" (Durkheim, 1992, p. 134). Sabemos o quanto essa insistência no papel do mestre como "primeiro motor" tem justificado muitas opressões, arbitrariedades e interditos de pensamento, precisamente quando a regra não é concebida em sua relação com a própria vida social[62]. Ao apresentar a regra como uma pura forma, como

---

62. Nem todos os "magisters", no tempo de Durkheim, haviam abandonado os sinistros procedimentos do castigo corporal. Um exemplo é dado por Louis Guilloux, que relata como seu professor primário, bem no início do século XX, o obrigava a recitar com golpes de bastão

uma abstração impessoal que deve ser respeitada porque "a lei é a lei", Durkheim corre o risco de separá-la do sentido do grupo, da vida coletiva concreta na qual ela pode encontrar para o aluno o seu verdadeiro significado e para a escola a sua verdadeira eficácia educativa. Sobretudo politicamente, vemos o quanto essa concepção de autoridade é um decalque da teoria da soberania à qual os juristas e os filósofos estão especialmente vinculados na França: a lei, se ela é feita nas formas e pelos representantes legítimos da Nação, é sagrada. Parece que estamos lidando com um *soberanismo pedagógico*, que há muito permeia as condutas pedagógicas tradicionais da escola francesa.

No entanto, ao fim de seu tratado de educação moral, abandonando a dupla roupagem do filósofo kantiano e do jurista de direito público, Durkheim volta a ser o sociólogo observador da vida real. Não, nem tudo depende da palavra do mestre; muito, e mesmo o essencial, se deve ao próprio funcionamento da classe como grupo vivo, à finalidade social, meios sociais. Não mais considerando o aluno como a criança naturalmente egoísta, identificando nele as sementes do altruísmo a desenvolver, mas vendo-o sobretudo como um membro vivo de uma pequena sociedade, Durkheim então leva a sério o que se passa concretamente na sociedade-classe. O senso de grupo, a responsabilidade de cada aluno para com este, a aceitação da regra, a obediência às normas comuns e o respeito pelos outros fazem parte da própria vida coletiva. É o microcosmo social da classe ou, em maior escala, da escola que inculca a moralidade concreta e faz sentir o valor

---

nos dedos e tapas na cabeça... a Declaração dos Direitos do Homem e do Cidadão (cf. Guilloux, 1977, p. 90ss.).

vivido da regra. Esta última é certamente indispensável, ela assegura por definição uma certa regularidade de conduta e uma certa estabilidade afetiva, mas ela não é inteiramente heterônoma, como aliás Durkheim parecia sugerir. Se "a classe é uma pequena sociedade" e se com a vida coletiva da classe "é a vida séria que começa" (Durkheim, 1992, p. 126), não convém então ver o aluno como algo diferente do desviante no qual se deve estar constantemente de olho, e não seria necessário acrescentar ao código de deveres do aluno uma carta de seus direitos de agir e pensar? Durkheim certamente tem a maior dificuldade em conceber plenamente a classe de forma democrática, mas mesmo assim ele às vezes a compara a uma "sociedade política" e chega a conclusões muito distantes do soberanismo pedagógico (Durkheim, 1992, p. 195). Assim, constatando que, em um país tão centralizado como a França, os cidadãos têm grande dificuldade de nutrir um "espírito de associação", ele espera que a escola o desenvolva, a fim de que os alunos, ao tornarem-se adultos, engajem-se de bom grado nos agrupamentos que darão à democracia francesa uma consistência coletiva que ela nunca teve (Durkheim, 1992, p. 199). Sabemos, aliás, que essa era sua concepção de uma sociedade saudável, composta de agrupamentos e associações em interação. Isso o leva a esta recomendação que, em parte, nos parece bem contraditória com a centralidade conferida ao lugar do mestre-soberano em seu pequeno reino: "O hábito da convivência na classe, o vínculo a essa classe, e mesmo à escola, da qual a classe é apenas uma parte, constituem, por-tanto, uma preparação bastante natural para os sentimentos mais elevados que desejamos despertar na criança. Há aí um instrumento precioso que é muitíssimo pouco usado e que pode prestar os maiores serviços" (Durkheim, 1992, p. 195). E esse vínculo não pode ser virtual e abstrato como o comando que desce das alturas até a classe. Ele deve ser vivido, deve ser fruto de uma experiência. Reencontrando acentos pragmatistas, Durkheim escreve: "Para aprender e amar a vida coletiva, é preciso vivê-la, não só em ideia e imaginação, mas em realidade. Não basta formar na criança no estado de virtualidade, de possibilidade, uma certa capacidade de se vincular; é preciso estimular esse poder a ser efetivamente exercido, pois ele só pode ser determinado e fortalecido pelo exercício" (Durkheim, 1992, p. 194). Não há vida democrática sem experiência da vida coletiva: "Para provar a vida em comum a ponto de não poder prescindir dela, é preciso ter adquirido o hábito de agir e pensar em comum" (Durkheim, 1992, p. 197). O soberanismo dá lugar a um associacionismo pedagógico.

A autoridade do mestre e as punições que ele tem à sua disposição agora restringem-se ao exercício de uma *função social* necessária à vida coletiva da classe, porquanto é preciso que a lei do grupo possa ser protegida e garantida pelo docente mandatário da sociedade. O que Durkheim preconiza é, portanto, uma pedagogia social na qual o essencial não é desempenhado em uma relação dual entre mestre e aluno, mas em uma relação mais complexa entre duas sociedades de dimensão diferente, das quais o mestre é, de certa forma, a dobradiça. A vida de uma classe é social e ela prepara para a grande sociedade, e para prepará-la ela deve ser regida, como a grande sociedade, por regras cujo mestre é o mediador e o fiador. Durkheim traduz para a linguagem erudita o que, segundo os testemunhos recolhidos pelos historiadores, já era um sentido bastante amplamente compartilhado na profissão dos professores primários. É, de fato, essa vida coletiva que certos progressistas já animavam em sua classe, e que dirigirá os mais avançados para a pedagogia cooperativa (cf. Ozouf *et al.*, 2001, p. 343). Certamente, pode-se criticar os limites de uma educação tão respeitosa dos valores republicanos, mas que ignorava a heterogeneidade das culturas e dos grupos sociais, como negligenciava a conflitualidade social dentro e fora da escola. Trata-se do traço de uma época na qual o ideal escolar traduzia-se na escrupulosa igualdade de tratamento dos filhos de ricos e dos filhos de pobres (cf. Ozouf *et al.*, 2001, p. 355ss.). Mas o alcance político da pedagogia social não deve ser esquecido: ela colocava *em relevo* a questão da preparação de uma sociedade realmente democrática.

Experiências revolucionárias

Para Durkheim, uma pedagogia é antes de tudo social porque tem por função "socializar" os indivíduos por meio da vida coletiva da classe. Mas pode-se entendê-lo em um outro sentido, mais radical. Uma pedagogia social pode visar não só a integração em uma sociedade, mas a sua transformação. Este é o caso de todas as pedagogias revolucionárias pertencentes à tradição do movimento socialista e operário do século XIX, como muitas das que reivindicaram o marxismo e o comunismo no século XX (sobre as primeiras, cf. Dreux *et al.*, 2018). Para a maioria dessas pedagogias, é a organização do trabalho produtivo, por sua natureza cooperativa, que deve servir de modelo para a nova organização pedagógica. Essa forma cooperativa de educação constituirá mesmo a matriz da democracia do trabalho por vir. Mas enquanto os primeiros socialistas pensavam que essa educação concebida em um modelo produtivo só poderia ocorrer fora da escola pública, os pedagogos marxistas e socialistas vão antes buscar importar para a própria instituição educacional o espírito do trabalho cooperativo.

No século XX, para muitos desses pedagogos, a revolução russa figurará como uma referência original. Colocar o trabalho na base da educação está no cerne das iniciativas pedagógicas que marcam os primeiros anos que se seguem à revolução russa de 1917 e que só serão encerrados com o triunfo da ditadura stalinista nos anos 1930. A realidade dos debates pedagógicos na situação excepcional dos primeiros anos da jovem União Soviética está de fato muito distante da caricatura stalinista que a sucede. O que chama a atenção em um contexto de guerra civil e crise econômica extremamente profunda é a amplitude das decisões pedagógicas e institucionais que tentam construir um novo sistema de ensino correspondente a uma sociedade sem classes. As experimentações de política educacional que aí se desenvolvem, na verdade, não são inteiramente originais, elas tomam muito emprestado das concepções da educação nova europeias ou americanas, notadamente a de John Dewey (cf. Garreta *in* Jacquet-Francillon *et al.* 2005, p. 141-158). O objetivo dos promotores da escola soviética é romper conscientemente com o autoritarismo do regime czarista. Longe de doutrinar os alunos com a ajuda de manuais de ortodoxia comunista, como será o caso mais tarde, trata-se de educá-los para a liberdade e ao mesmo tempo preparar sua inserção na sociedade sem classes, onde poderão exercer múltiplas atividades, em conformidade com as concepções utópicas de Charles Fourier ou de Marx.

A particularidade do primeiro período revolucionário deve-se às formas radicais pelas quais a educação elimina o que parecem ser constrangimentos arbitrários: os deveres de casa obrigatórios devem desaparecer, as notas são abolidas sem exceção, assim como os exames de entrada e de saída. O controle dos conhecimentos é feito por meio de apresentações coletivas, seguidas de uma correção mútua entre os alunos. O aluno soviético deve ser dotado de conhecimentos politécnicos relacionados ao meio em que vive e orientar sua formação de forma consciente no sentido da atividade revolucionária. O ideal pragmatista que consiste em introduzir e conectar os diversos conhecimentos a serem adquiridos pela realização de "projetos" ou de "complexos" é, assim, colocado a serviço da revolução. É isso que constitui a originalidade da "Escola Única do Trabalho", a qual possui três características amplamente inspiradas em Dewey: 1) A Escola do Trabalho será gratuita, mista e única: todos os alunos seguem um tronco comum dos oito aos dezessete anos, centrado no ensino politécnico. As divisões do antigo sistema entre as escolas clássica, moderna e profissional e o "ginásio" reservado à elite são abolidas. 2) A pedagogia baseia-se nos interesses do aluno, no desenvolvimento do seu juízo crítico e no espírito coletivo e cooperativo. 3) A formação do espírito científico se opera pela experimentação e pela apropriação dos trabalhos do pensamento científico mais evoluído. Decalcando as proposições do pragmatismo educacional de Dewey e de suas realizações feitas por alguns de seus discípulos, notadamente o "plano Dalton", a jovem escola soviética quer atar estreitamente a aprendizagem dos conhecimentos e uma realização social útil para a comunidade, como a ajuda nas colheitas, a criação de um museu ou a luta contra o analfabetismo. A especificidade dessa escola era combinar, da maneira mais estreita possível, os aprendizados e as atividades sociais e econômicas. Era isso que Anton Makarenko, por sua vez, tentava fazer com a "colônia Gorki", composta por crianças abandonadas ou delinquentes, cujo objetivo era a "educação de um combatente e de um coletivista".

Essas experimentações soviéticas tinham como bússola a ideia segundo a qual uma sociedade sem classes deve educar cada indivíduo a fim de que este possa participar da construção e da melhoria daquela. Neste início de revolução, a escola não foi concebida para ser imediatamente útil para a produção ou sujeita aos imperativos políticos da época. Ligar a educação às mais variadas atividades sociais tinha uma finalidade essencialmente educativa, não produtiva. Tratava-se de garantir que o futuro cidadão fosse formado com o máximo de abertura a todas as atividades e a todos os processos da vida social. Segundo uma fórmula do pedagogo soviético Fortunatov, era necessário "desenvolver nas crianças as capacidades que lhes permitissem criar as condições da sua própria vida futura" (*apud* Garreta, *in* Jacquet-Francillon *et al.* 2005, p. 153). Esta perspectiva, portanto, não se confunde com um utilitarismo de vista curta (fabricar objetos artesanais, por exemplo), menos ainda com um puerocentrismo que respeitaria os "desejos" das crianças, orientações "burguesas" que são condenadas pelas autoridades revolucionárias. Esse espírito experimental associado a esses objetivos emancipatórios esbarrará muito rapidamente nas mudanças de rumo político, sobretudo a partir dos anos 1927-1928. O regime começa então a denunciar a ausência de objetivos concretos, a relação demasiado frouxa com a consolidação da "pátria socialista". Com Stalin, notas, exames e punições estão de volta ao mesmo tempo que o uniforme, o hino obrigatório e a saudação à bandeira. Em 1936, uma diretiva do Comitê Central do PCUS liquida a "pedologia", "pseudociência burguesa e reacionária". John Dewey, no dia seguinte ao seu engajamento na comissão de inquérito sobre Trotsky em 1937[63], é vilipendiado como um agente de Wall Street e um adepto do trotskismo. Essa experimentação em um clima de liberdade intensa, mas de curta duração, teve pelo menos o mérito de realizar parcialmente esse velho ideal da pedagogia por meio do trabalho cooperativo, e ela, sobretudo, conferiu um caráter explicitamente revolucionário a pelo menos uma parte da pedagogia nova.

A "pedagogia popular" de Freinet e a cooperação pelo trabalho

As interpretações e a posteridade de Célestin Freinet são múltiplas. A edulcoração e a recuperação "modernistas" de sua prática e de suas concepções são lugar-comum. No entanto, o sentido de sua pedagogia é inseparável de um engajamento social e político, às vezes bem esquecido. Freinet quis primeiro ser um "educador proletário" (cf. Houssaye, 1997) e, em seus escritos, sempre reivindicou sua pertença ao povo[64]. As escolhas que ele faz, à custa de

---

63. A comissão presidida por Dewey encarregou-se de investigar as acusações feitas por Stalin contra Trotsky. Após meses de audiências, concluiu, em setembro de 1937, que os argumentos de Stalin não eram pertinentes.

64. Os títulos das obras de referência de Célestin Freinet testemunham suficientemente isso: *Pour l'école du peuple* [Pela escola do povo] (1946) ou *Naissance d'une pédagogie populaire* [Nascimento de uma pedagogia popular] (com Élise Freinet, 1949).

lutas incessantes e de conflitos dolorosos, são sempre ligadas ao projeto de uma "pedagogia popular", e, além disso, nunca são independentes do seu engajamento sindical ao longo de toda a sua existência como de sua filiação ao PCF, até sua ruptura com este no início dos anos 1950.

Essa pedagogia "popular" está ancorada no cotidiano do aluno, o de sua família ou amigos, está ligada às profissões e aos trabalhos de seus entes queridos, ao conjunto dos meios que para a criança constituem a sociedade. A escola do povo recusa o elitismo, elimina as classificações e valoriza a cultura e o saber fazer dos proletários das cidades e do campo. Estamos longe do "tecnicismo" ou do "pedagogismo" ao qual por vezes reduzimos sua contribuição, como se apenas tivesse dado primazia a métodos ao mesmo tempo ativos, lúdicos e naturais, à livre expressão e ao texto livre, e de maneira mais geral, ao lugar atribuído à criança e ao papel de sua espontaneidade criadora. Se a escola deve ser "centrada na criança", ideia comum a toda educação nova, é para Freinet uma "criança membro da comunidade", que só pode se desenvolver na relação com os outros e nos vínculos com os seus *habitats* (cf. Freinet, 1980, p. 19; e Chambat, 2011). E se as temáticas modernizadoras da renovação pedagógica também estão muito presentes em Freinet, com fórmulas que hoje ressoam de forma muito ambígua ("adaptação ao mundo moderno", "eficiência", "recuperação do atraso escolar"), elas vinham sobretudo justificar a finalidade explicitamente política que ele conferia à sua obra pedagógica e que ele chamava de "renovação completa do ensino", ou melhor, "revolução pedagógica".

De que é feita essa revolução da pedagogia? Ela possui quatro dimensões que distinguem o projeto de Freinet de outras correntes da Educação Nova. Em primeiro lugar, contra as versões mais apolíticas e menos sensíveis à dimensão "popular" da Educação Nova, ele afirma o caráter fundamental das condições materiais de existência dos alunos e da própria educação, sobretudo em termos do material escolar, tudo aquilo que muitos teóricos da Educação Nova se recusam a ver. Em segundo lugar, o projeto de Freinet pretende derrubar a hierarquia totalmente estatal que estrutura a escola pública, esse verticalismo que faz com que os métodos e os conteúdos sejam decididos de cima. A nova pedagogia deve partir de baixo, da experimentação em sala de aula[65]. Em terceiro lugar, seu projeto é baseado em uma lógica *cooperativa*, ele dedica toda a sua atenção à organização do trabalho em sala de aula, que é a fonte mesma da disciplina escolar. Em quarto lugar, ele tem um senso inseparavelmente social e simbólico, pois trata-se de garantir que as atividades na escola produzam significados para si e para os outros, que sirvam para estabelecer vínculos de *reciprocidade* entre grupos de alunos. Em suma, podemos dizer que a revolução pedagógica de Freinet é ao mesmo tempo materialista, de base, cooperativa e fundada na reciprocidade.

Retomemos alguns desses aspectos fundamentais. A pedagogia não é somente uma questão de comunicação direta de um saber pelo discurso do mestre dirigido ao aluno, ela é uma questão de disposições espaciais e materiais. A atenção dispensada às instalações e à sua qualidade o atesta. Freinet levou muito a sério, em termos práticos, a totalidade

---

65. Na época, a hierarquia administrativa do Ministério da Instrução Pública, ajudada por todos os reacionários de Nice, onde ele trabalhava, o fará aliás pagar caro por esta subversão "de base".

complexa que uma pedagogia como a sua constitui, como se vê na importância dada aos suportes materiais e técnicos (a prensa tipográfica, a máquina fotográfica, a filmadora, o viveiro, a jardineira, a biblioteca de trabalho e os arquivos de trabalho autocorretivos). Esse "materialismo escolar" (cf. Freinet, 1974, p. 44ss.) deve ser relacionado ao paradigma do trabalho que domina todo o seu pensamento. Não há necessidade, por exemplo, de separar o que se enquadra na brincadeira infantil e o que se enquadra no trabalho adulto. A brincadeira é o trabalho da criança, ele combina atividade criativa e troca, cooperação e concentração. Freinet também se empenha em invocar o trabalho e as profissões dos pais como elementos essenciais da atividade educacional, ao mesmo tempo objetos de investigação e suportes de aprendizagem. Ele repete que "o trabalho será o grande princípio, o motor e a filosofia da pedagogia popular, a atividade da qual decorrerão todas as aquisições" (Freinet, 1980, p. 20). O trabalho como necessidade, como criação, como elo entre os homens é o fundamento antropológico de toda essa pedagogia que se refere a um marxismo simplificado (cf. Piaton, 1974, p. 149ss.). Nada "natural", portanto, a despeito de formulações um tanto enganosas, como o pretenso "método natural de leitura". Retomando uma palavra de Gaston Bachelard, podemos dizer que em Freinet nada é dado, tudo é construído, em contradição com uma filosofia espontânea que se manteve muito naturalista, e até mesmo vitalista (Piaton, 1974, p. 198ss.).

Longe da anarquia dos caprichos infantis, a escola moderna recebe sua disciplina das necessidades imanentes ao trabalho, ideia na qual reconhecemos a filiação saint-simoniana dessa revolução pedagógica. A organização do trabalho escolar encerra em si sua dinâmica normativa devido às condicionantes objetivas que traz consigo: "A disciplina da escola de amanhã será a expressão natural e a resultante da organização funcional da atividade e da vida da comunidade escolar" (Freinet, 1980, p. 21), ele esclarecerá. Essa disciplina é a da cooperação, que decorre da organização do trabalho na classe, que já era uma ideia forte em Dewey. É a problemática do "trabalho" na educação escolar que permite a Freinet conceber esta última como uma prática cooperativa, muito mais do que considerações diretamente políticas. O motivo do empreendimento cooperativo aliás está presente desde o início de sua carreira[66]. É mesmo a escola inteira que deve ser constituída como uma sociedade cooperativa. O princípio da cooperação regula as trocas, preside à definição de suas leis e regulamentos, e comanda a tomada de decisões. Se a pequena prensa manual desempenhou um papel tão importante na reorganização do seu ensino, é porque lhe permitiu articular todas as atividades escolares – aprendizagem da leitura, livre expressão, correspondência e troca de produções – segundo o mesmo princípio da cooperação.

Os dispositivos e ferramentas pedagógicas de Freinet abrangem tanto a produção cooperativa quanto a troca mútua. Destinado à produção textual coletiva, o uso da impressão é também um suporte pedagógico propício à comunicação mútua com outras classes e outras escolas, e isso graças a uma rede de correspondências. Enquanto

---

66. A criação de sua pedagogia é inseparável do "cooperativismo" de Freinet. Desde o período de Bar-sur-Loup, ele vincula a prática da classe e a cooperativa de consumo e venda de produtos locais (Freinet, 1974, p. 29).

para Dewey as atividades escolares, para fazerem sentido, devem ser traçadas a partir das atividades presentes na sociedade externa, para Freinet a atividade é social porque produz significados para os outros. Ela introduz os alunos na troca simbólica não pela imposição unilateral da palavra do mestre, mas pela circulação compartilhada de textos realmente pensados e elaborados pelos diferentes grupos de alunos em contato uns com os outros. O texto livre, o diário de classe, a impressão e a correspondência, todas essas práticas favorecem a reflexão sobre o pensamento e a linguagem, e ainda conferem ao trabalho realizado pelo grupo a satisfação do trabalho realizado em comum.

Poder-se-ia contestar muitas das afirmações de Freinet, suas diatribes contra o livro em geral e o livro didático em particular, sua rejeição da teoria que às vezes beira o anti-intelectualismo, e mesmo certos aspectos do seu "materialismo" que o aproximam de uma espécie de "industrialismo". Que ele não tenha produzido os conceitos da sua descoberta prática é bastante evidente. Mas ele, e isso é muito, já conferiu à ferramenta um valor que ultrapassa de longe as concepções meramente instrumentais que ela, no entanto, às vezes convoca. Uma ferramenta é um meio de transformar toda a pedagogia justamente porque é mais do que uma ferramenta, é uma *relação* com o conhecimento, com a linguagem e com os outros. Será necessário esperar por alguns de seus sucessores para ver operar-se uma ruptura no pensamento pedagógico graças à promoção do conceito de *instituição*. Isso não deve obliterar o grande avanço *político* de Freinet, que consiste em colocar em prática o princípio democrático segundo o qual as regras às quais devemos consentir na vida coletiva da classe não devem ser impostas abstratamente, de cima, por razões que ignoramos, mas devem ser elaboradas, discutidas, reformuladas e compreendidas por todos aqueles que elas obrigam.

A revolução institucional em pedagogia

Freinet está no início do que será chamado de "pedagogia institucional", a qual realmente se desenvolveu nos anos seguintes à Libertação, tendo por principais animadores Raymond Fonvieille e Fernand Oury, ambos professores nos subúrbios de Paris e membros ativos do movimento pedagógico de Freinet (cf. Bénévent *et al.*, 2014). A contribuição original da pedagogia institucional está quase inteiramente no conceito-ferramenta de instituição. Este permite, mais explicitamente do que em Freinet, vincular a revolução pedagógica e a transformação da instituição escolar. No entanto, na crítica à ordem escolar, emancipação e instituição têm sido frequentemente consideradas antinômicas. Para alguns manifestantes de maio de 1968, qualquer instituição apenas reproduziria as funções de uma máquina repressiva a serviço dos dominadores (cf. Laval, 2016). Para a pedagogia institucional, ao contrário, a instituição é uma alavanca que permite aumentar a autonomia individual e a liberdade coletiva, desde que não a confundam com a hierarquia, os estatutos, as leis e os regulamentos administrativos, ou seja, com o que está estabelecido e que não se poderia mudar por deliberação comum. Mas se a considerarmos como um meio que tem vida própria, como um todo dinâmico composto de forças divergentes, como uma ordem que pode ser questionada pela liberdade de expressão e suscetível de ser posta em movimento por diferentes práticas, então isso a que chamamos instituição é de outra natureza. Já não se trata de um mecanismo repetitivo com engrenagens restritivas, mas de um conjunto de normas que podem ser avaliadas e alteradas por aqueles que devem viver e agir na instituição. Charlotte Hess e Valentin Schaepelynck sintetizaram perfeitamente o projeto da pedagogia institucional, para a qual "é necessário precisamente recusar reduzir a instituição a um objeto ou a um sistema de coerção, porque isso seria ver nela apenas uma das suas dimensões, que é a do instituído. Não há instituição sem instituído. Mas não há instituído sem que possa haver ao mesmo tempo o instituinte, ou seja, práticas capazes de vir a contestar, subverter ou transformar este instituído" (Hess *et al.*, 2013).

Nessa pedagogia, como na psicoterapia institucional desenvolvida na década de 1960 por Jean Oury, o irmão de Fernand Oury, às regras e normas instituídas sempre se opõem as práticas instituintes, sejam ou não reivindicadas como tais. Essas práticas, portadoras de uma normatividade alternativa, podem dar lugar, quando conseguem afirmar-se, a atos instituintes pelos quais a instituição vê o seu funcionamento se modificar. Para isso, a instituição deve abrir espaço para o "coletivo", neste caso, integrar e desenvolver em seu interior instâncias de fala, deliberação e decisão que permitam escapar à repetição do mesmo ou à obediência ao quadro imposto de uma vez por todas. Notemos que essa já era a função que Freinet esperava das "técnicas de vida", do conselho e da correspondência, os textos livres. Considerá-los não mais como "técnicas", "ferramentas" e "métodos de trabalho", mas como instituições muda o paradigma que domina o pensamento pedagógico. Passa-se da problemática massiva da produção à da democracia, tira-se a pedagogia de seus trilhos industrialistas, para conduzi-la a uma problemática mais diretamente política. Sem dúvida, a prensa tipográfica que Freinet introduziu na sala de aula já era uma "instituição", com suas regras de uso, suas finalidades e, sobretudo, com o uso da palavra pelos alunos sobre sua existência e seu meio que ela permite. Mas a doutrina pedagógica de Freinet permanecia ligada, como vimos, a um imaginário da indústria. Foi preciso a ruptura interna do seu movimento, a partir de uma reivindicação de democracia e de uma contestação de seu poder pessoal, para que essa dialética do instituinte e do instituído, tão importante para a transformação democrática da escola, emergisse de forma mais explícita.

A pedagogia institucional desenvolve-se, a partir de 1961, no seio do Grupo Técnicas Educativas (GTE), a partir de uma reflexão interdisciplinar sobre a escola que mobiliza professores, arquitetos e médicos, e se exprime na revista Éducation *et Techniques* [Educação e técnicas]. O objetivo do grupo é instaurar uma outra prática da classe para lutar contra o fracasso escolar, para combater a rejeição à escola e o tédio que frequentemente aí reina. A lógica da pedagogia institucional é a mesma que funciona na psicoterapia institucional. Ambos os movimentos têm a mesma inspiração e a mesma matriz. Jean Oury, quando se empenha em mudar as relações na instituição hospitalar, também se inspira muito diretamente em Freinet, que seu irmão lhe apresentou. Ele também introduz uma prensa tipográfica na clínica de La Borde para que "os pacientes e os funcionários possam imprimir um jornal que seja uma base e uma técnica de comunicação dentro e fora do hospital" (Pain, 2015). A grande intuição prática de Jean Oury é que, para tratar os pacientes, é preciso primeiro *tratar a própria instituição*. E para tratá-la, é preciso analisar coletivamente as relações que aí se tecem, e, para os que aí vivem, constituir "grupos-sujeitos", segundo a fórmula de Félix Guattari, no lugar de indivíduos atomizados, passivos e impotentes. Encontramos essa intuição na pedagogia: é preciso criar um poder de agir não só *na* instituição, mas *sobre* ela, a fim de que essa instituição possa ser vista como o resultado de uma atividade coletiva. Mas, mais precisamente, a instituição da escola deve ser constituída por instituições no plural, que permitam essa subjetivação coletiva. Fernand Oury insistia nesse ponto: "Chamamos *instituições* o que instituímos juntos em função de realidades que evoluem constantemente: definição de lugares e momentos (emprego do tempo), funções (profissões), papéis (presidência, secretariado), o status de cada pessoa segundo as suas possibilidades atuais (níveis escolares, comportamento)" (Oury, 2004).

O princípio básico dessa pedagogia das instituições pretende que ao fazer com que os alunos atuem no seu próprio quadro, de forma explícita, regulada e coletiva, seja possível torná-los mais abertos às aprendizagens[67]: "Classes de nível, equipes de oficina, equipes ocasionais e equipes administrativas formam, em graus variados, grupos onde as crianças têm a oportunidade de estabelecer relações e realizar trocas afetivas ou culturais. A classe se torna um ambiente rico de possibilidades" (Vasquez *et al.*, 1972, p. 81). Donde a atenção à organização do espaço, donde igualmente a preocupação com o tempo e sua organização, que deve ser objeto não de um poder externo, mas do próprio grupo

---

67. A dimensão mesopolítica já está presente em Freinet (1980, p. 26ss.).

(Vasquez *et al.*, 1972, p. 69ss.). A pedagogia institucional tem, portanto, por princípio criar um meio que favoreça a mudança de comportamento dos alunos culturalmente mais à margem da escola, ou "alunos difíceis". E essa mudança consiste em fazê-los tornarem-se sujeitos da aprendizagem, ou seja, em permitir-lhes uma subjetivação escolar que os faça avançar, por vezes lentamente, mas em todo caso no seu próprio ritmo, graças a dispositivos pedagógicos que lhes atribuem um lugar singular, dentro de pequenos grupos cooperativos, onde cada um pode se envolver, falar e assumir responsabilidades coletivas. Isso só é possível se abandonarmos o reino do imaginário do mestre que tudo sabe e tudo pode. Fernand Oury compreendeu muito bem que a soberania autoritária do mestre implicava afetos e modos de transferência muito particulares, sob a forma do "amor do chefe ou o amor do censor" (Oury, 2001, p. 29), muito pouco favoráveis para os alunos mais fracos, para aqueles que mais precisam da escola. Charlotte Hess e Valentin Schaepelynck esclarecem o significado e o alcance dessa mudança de classe: "A classe torna-se 'nós' e afirma--se como coletivo. Dessa forma, ela ultrapassa a estrutura dual que caracteriza a relação pedagógica tradicional. As modalidades da relação pedagógica são agora discutidas no seio do grupo-classe, animado pelo docente e seus alunos. Elas baseiam-se no conjunto dos terceiros institucionais dos quais este é a fonte. É necessário um tempo dedicado especificamente à elaboração desses terceiros. Este é o papel desempenhado pelo 'conselho'. Esse espaço de fala deve permitir a professores e alunos terem coletivamente controle do funcionamento institucional da classe" (Hess *et al.*, 2013). A regra da classe é explicitada e discutida nessa instituição essencial que é o "conselho". Mas não se trata nem do "conselho" pedagógico dado pelo mestre ao aluno em uma relação dual, nem do clássico conselho de classe. A reunião do conselho constitui uma prática democrática da classe que vai muito além de simples exercícios de "livre de expressão" e "uso da palavra". No conselho cooperativo, todos, professores e alunos, podem falar, um de cada vez, sobre o funcionamento da classe. As responsabilidades são distribuídas de acordo com as habilidades adquiridas pelos alunos e sancionadas por um nível[68], o uso da palavra, como a decisão, é regulado e deve respeitar valores fundamentais que devem ser aceitos por todos. O conselho cooperativo é visto como a "pedra angular do sistema, uma vez que esta reunião tem o poder de criar novas instituições, de institucionalizar o meio de vida comum" (Vasquez *et al.*, 1972, p. 82). No conselho, "as crianças e o mestre falam de sua vida escolar cotidiana e se esforçam para melhorá-la. Isso talvez seja o importante: encarregar-se da sua própria administração, do seu presente e do seu futuro" (Vasquez *et al.*, 1972, p. 83). Em outros termos, a pedagogia das instituições visa à criação de uma autoridade democrática legítima, resultante de um compartilhamento de ideias e interpretações de situações, segundo valores que são os da grande sociedade.

Essa exigência se expressa, por exemplo, na forma do que a pedagogia institucional chama de "trabalho". Este consiste em realizar com rigor uma função como arrumar a biblioteca, apagar o quadro ou qualquer outra tarefa que faça sentido na vida da classe. Quando um aluno se propõe

---

68. Fernand Oury utiliza um código de cores emprestado das faixas de judô, o que permite, como neste esporte, uma progressão simbolizada por um significante. O preto é significativamente reservado ao mestre.

a exercer uma dessas funções, faz o pedido ao conselho que o nomeia responsável e registra esta nova assunção de responsabilidade na tabela dos trabalhos. Essas instituições acontecem em uma prática coletiva de cooperação que preserva um duplo perigo: o do apagamento da singularidade subjetiva do aluno em nome de uma regra e de uma lei produzidas fora da classe (a lei do regulamento interno ou do respeito aos programas) e do "cada um por si", em uma lógica de classificação, competição e distinção entre "bons" e "maus alunos".

Esta escola feita de instituições autogeridas opõe-se, por um lado, à escola-quartel, herdeira das grandes instituições disciplinares, eclesiásticas e militares, e por outro, à "escola sem lei" que Fernand Oury pouco a pouco viu instalar-se a partir da década de 1970, com a maior preocupação com o futuro da educação. Pois a função do pedagogo não é ser o centro absoluto da autoridade, nem o negador de toda lei. Fiador do Estado de Direito, ao qual ele próprio está sujeito, ele deve ensiná-lo, tornar reconhecido o seu fundamento na razão. Por ser legítimo, deve fazer com que seja respeitado o funcionamento das instituições produtoras de ordem na classe. O mestre já não é o "primeiro motor" durkheimiano da classe, mobilizando e manobrando todas as transferências que lhe são dirigidas, ele é o guardião das instituições que permitem múltiplas transferências laterais e horizontais.

A grande lição dessa pedagogia instituinte é que a democracia se aprende pela prática da democracia: "É decidindo que se aprende a decidir" (*apud* Tolini, 2020, p. 29), escreveu Freire. Como o indivíduo poderia exercer seus direitos e participar em igualdade de condições com os demais na deliberação coletiva se não houvesse instituições que o permitissem, preparando-o para isso? Em outros termos, a educação democrática tem por função desenvolver a capacidade deliberativa e o poder instituinte dos indivíduos, e só pode fazê-lo por meios democráticos, e não pela imposição hierárquica de regras, pelo transvasamento dos saberes entre as mentes ou pela transcendência da sociedade encarnada na figura magistral. E essa educação assim concebida é de fato, nas condições históricas presentes, o único meio de evitar a dupla armadilha da fantasia de onipotência, própria das subjetividades neoliberais, e das raivas identitárias, religiosas e nacionalistas, que visam a absorção regressiva do indivíduo em uma comunidade de pertencimento.

Contra a anarquia dos indivíduos, contra a monarquia do mestre

É importante especificar aqui, sobretudo porque nem sempre os promotores dessa pedagogia o fazem, que as crianças não inventam os valores e as normas segundo as preferências de um grupo que poderia ser tão tirânico quanto um mestre despótico. A acusação de "tirania da maioria", que Arendt retomou de Tocqueville, cai quando fica mais claro que o grupo classe ou o grupo escola só estabelece as regras, delibera e julga os comportamentos dos outros alunos em relação a valores e normas fundamentais que são aqueles dos direitos humanos e dos princípios democráticos. Estamos muito longe de uma pedagogia que negaria as regras e as normas, muitíssimo longe da caricatura de uma pedagogia "antiautoritária" com a qual demasiadas vezes ainda se a confunde. A afirmação dessa diferença essencial não é nova. Freinet, muito decepcionado com sua viagem a Hamburgo em 1923, não conseguiu tirar nada da "escola anarquista integral sem autoridade do mestre, sem regra nem sanção" (Freinet, 1974, p. 27). Embora Freinet introduza uma outra relação entre o mestre e o aluno, e embora lhe aconteça de usar o vocábulo "camarada" para designar o professor, ele não aprecia os métodos radicais dos "mes-tres-camaradas" alemães que militam pela "superação do professor" (*die* Überwindung *des Lehrers*) (cf. Schmid, 1976, p. 25). O que ele não gosta é, sobretudo, que sua "liberdade" seja para eles sinônimo do bel-prazer das crianças, porque nada em Hamburgo deveria contrariar as preferências e as vontades das crianças, o que as tornava os mestres absolu-tos da classe. Encontramos no experimento conduzido em Summerhill, na Inglaterra, por Alexander Sutherland Neill, na década de 1920, essa ideia de que tudo na educação deve concernir exclusivamente ao desejo. Não contente em recusar-se a infligir a menor punição ou sanção, o mestre se apaga completamente, ele não dá nenhuma diretiva, não exige nenhum trabalho, espera que as crianças decidam tudo. A ideia norteadora, se assim podemos dizer, é que a comunidade seja ela mesma a "verdadeira educadora" (Schmid, 1976, p. 36). Essa prevalência da comunidade resulta na ausência de lugares e funções determinados para cada um. A vida em comum é pensada à maneira de uma fusão imediata, sem diferenciação. Ser um camarada para o adulto significa que ele faz parte da "comunidade" da mesma forma que os alunos, o que abre caminho para todas as manipulações perversas da transferência e dos afetos. Todo direito é abolido no imaginário da comunidade, toda autoridade é negada, toda barreira entre mestres e alunos é abolida. Somente a relação afetiva deve servir de base para a ação educativa: "Da mais velha à mais nova, as crianças me amam. E eu as amo. É uma palavra forte, mas é verdadeira. Com base nisso, podemos prescindir do respeito", explicava um mestre-camarada (Schmid, 1976, p. 47).

Freinet, como os partidários da pedagogia institucional, recusam essa anarquia afetiva e a confusão de lugares, assim como rejeitam o soberanismo pedagógico. Embora essa abolição da diferença de lugares seja a negação pura e simples de toda educação, não se pode aderir à posição exatamente simétrica que só concebe a autoridade encarnada pelo mestre "responsável pelo mundo" em face das novas gerações, segundo a célebre fórmula de Arendt. Para a filósofa, haveria na educação um princípio fundamental que proibiria o funcionamento democrático da classe e da escola (cf. Arendt, 2012a). Essa posição de princípio de Arendt é especialmente surpreendente porque ela também é uma pensadora da ação política e da revolução. Como se pode, ao mesmo tempo, manter que na escola a igualdade e a democracia estão fora de questão, e que a sociedade moderna deve reatar com a *práxis* da Atenas democrática? Na realidade, ela não critica tanto a busca da igualdade quanto um certo número de princípios básicos da pedagogia pragmatista. Seu alvo aliás não é diretamente a filosofia de Dewey, mas um pragmatismo simplista que se difundiu na escola americana desde o período entre guerras e que tendia a opor o universo autônomo da criança ao mundo adulto, a privilegiar o método pedagógico em detrimento do conteúdo do saber, a desenvolver o "fazer" em detrimento do "aprender". Que os princípios filosóficos de Dewey tenham dado origem a aplicações caricaturais, isso é certamente correto. A narrativa histórica disso há muito foi feita para os Estados Unidos (Ravitch, 1983). Na realidade, o problema não está em um suposto anarquismo pedagógico de Dewey, que aliás teve o cuidado de denunciar uma série de absurdidades pedagógicas. No fim da sua vida, John Dewey realmente se distanciou das "estupidezes" do *laissez-faire* absoluto: "Existe atualmente, dentro das pretensas escolas avançadas de pensamento em educação, uma tendência a dizer finalmente isso: 'Forneçamos aos alunos material, ferramentas, dispositivos e assim por diante e os deixemos reagir a essas coisas segundo seus desejos. Sobretudo, não sugiramos a eles o que fazer: isso seria atentar contra a sua individualidade intelectual, que é sagrada e que sozinha pode estabelecer meios e fins'. Essa maneira de fazer as coisas é estúpida; ela o é porque tenta o impossível, o que é sempre estúpido" (Dewey, 1926, p. 4, *apud* Baillargeon, 2005, p. 15). O pensamento de Dewey é na realidade muito exigente no nível prático, pois exige que toda a experiência ordinária do aluno seja o suporte de um ensino aprofundado de matérias complexas. É assim que ele atribui ao ensino de história e geografia a função de "enriquecer e liberar as relações mais diretas e mais pessoais da vida, fornecendo-lhes contexto, pano de fundo e perspectiva" (Dewey, 2011, p. 299). Mas como se passa praticamente de "andar a pé" ao estudo geoestatístico da Terra? Como se passa da compra de um quilo de tomate à história das trocas comerciais desde a Idade Média? Na ausência de uma construção teórica real da passagem dessa "experiência ordinária" à aquisição efetiva de saberes diversos e complexos, os professores americanos ou europeus que aderiram a esse pragmatismo simplificado que inspira o método dos "projetos" e dos "complexos" demasiadas vezes pensaram que a repetição da experiência em situação escolar e simples "esclarecimentos multidisciplinares" seriam suficientes para ensinar aos alunos os saberes necessários. Dewey tinha em vista outra coisa totalmente diferente, e muito mais rigorosa, quando, por exemplo, preconizava um ensino racional e "genético" da história econômica e da história científica e intelectual (Dewey, 2011, p. 304-305). Mas será que os erros pedagógicos nos quais tal filosofia da educação induziu *involuntariamente* justificam o abandono da dimensão democrática da pedagogia em nome da "conservação" que seria, segundo Arendt, a essência da educação? Na realidade, filósofos conservadores da educação, como Marcel Gauchet hoje, confundem muito rapidamente democracia e culto da criança (cf. Arendt, 2012a; e Gauchet, 1985). Aos seus olhos, a democracia escolar se resumiria à fórmula da "criança no centro da escola", que condensaria a recusa da autoridade, o fim da transmissão e a ruptura com a tradição. Por conseguinte, eles se esquivam da principal dificuldade de uma pedagogia democrática, que é de saber como refundar a autoridade do saber, especialmente em uma época de desconfiança geral para com as "autoridades" quaisquer que elas sejam.

Os fundamentos democráticos da autoridade em pedagogia

O discurso conservador que brande o desaparecimento da autoridade como o pior perigo para a educação é apenas a imagem espelhada do discurso antiautoritário que nega até a necessidade de regras coletivas. O que os filósofos conservadores e os experimentadores "antiautoritários" têm em comum é que para uns a autoridade é um aspecto natural da transmissão dos saberes, enquanto para os outros é a ausência da autoridade que é natural devido à espontaneidade do desenvolvimento da criança. Ver na "educação democrática" uma contradição em termos, devido à necessária desigualdade entre o mestre e o aluno, e à indispensável autoridade de um sobre o outro na transmissão, é esquecer que o individualismo que eles denunciam como a fonte dos males da escola contemporânea, e que é, aliás, uma palavra bem vaga, não somente está inscrito no conteúdo do ensino, como Durkheim bem o havia visto, mas está no próprio princípio dos dispositivos pedagógicos que impelem os alunos à competição com os outros[69]. A verdadeira ideia de uma pedagogia democrática não se baseia nesse individualismo competitivo, mas na dinâmica solidária de um coletivo vivo animado por um desejo de saber.

Mas então, como podemos conceber uma autoridade pedagógica em bases democráticas? É evidente que ela não pode se confundir com a força, o poder de comando, os constrangimentos disciplinares que conduzem à obediência dos alunos. Que alcance de instrução, mesmo em seu tempo, a palmatória pôde ter? Para Arendt, a autoridade tampouco pode basear-se na persuasão argumentada, fundada em relações igualitárias entre dois interlocutores que buscam convencer-se mutuamente. A autoridade supõe, segundo ela, que se acabe com a ordem igualitária da persuasão. Ela escreve assim: "Onde recorre-se a argumentos, a autoridade é deixada de lado. Em face da ordem igualitária da persuasão, mantém-se a ordem autoritária, que é sempre hierárquica" (Arendt, 2012b). Mas de que tipo de "hierarquia" se trata? Sabemos o quanto, se não somos precisos, vêm precipitar-se

---

69. Para um modelo completo de argumentação conservadora que naturaliza excessivamente a "autoridade como fato", cf. Blais *et al.*, 2008, p. 146ss.

aqui as grandes figuras e equivalências da Autoridade, a transcendência do Saber, o patrimônio sagrado da Pátria, a Lei simbólica, quando não a República encarnada.

O que constitui autoridade em pedagogia não é a hierarquia do poder, a submissão aos dogmas, a crença na soberania, mas o que é mais verdadeiro, o que pode ser demonstrado pela razão e apresentado como verdadeiro com a maior probabilidade. Tal era a preciosa ideia de Condorcet segundo a qual somente as "verdades mais prováveis" devem ser ensinadas, "verdades" essas que de repente são chamadas a serem ultrapassadas mais tarde por verdades mais bem estabelecidas. O filósofo iluminista sabia o quanto dogmatismo e despotismo sempre andam de mãos dadas. Será que, também para evitar o dogmatismo, perigo sempre presente no ensino, convém deixar sempre aberta a interrogação sobre essa "probabilidade do verdadeiro" tanto por parte do professor quanto dos alunos? O espírito de racionalidade e o espírito democrático têm de se reconciliar aqui. Além disso, será que eles não têm as mais estreitas relações se compreendermos bem o espírito científico como exame racional sem limite e exercício da livre controvérsia em matéria de conhecimento? E eles conjugam-se igualmente por esse "comunismo" do conhecimento, para retomar a fórmula do sociólogo americano Robert K. Merton, segundo a qual não há progresso nos saberes exceto pelo *compartilhamento* dos trabalhos, a circulação mundial das ideias e o julgamento informado dos pares (Merton, 1973, p. 267-278). O que constitui autoridade em pedagogia só pode basear-se nessa livre interrogação e nesse trabalho coletivo que permite o estabelecimento intelectual do "mais provável", contrariando o emprego do medo político ou da força midiática da opinião. Mas obviamente não se trata aqui de sustentar que em cada classe e em todos os níveis se possa sempre refazer inteiramente a demonstração de um raciocínio, a administração da prova ou a experiência decisiva. As proposições do construtivismo ingênuo, segundo o qual cada aluno "constrói" o seu próprio saber a partir de suas atividades, mesmo no ensino elementar, são absurdas. Por outro lado, o professor preocupado em explicar o processo de pensamento pode mostrar como tal verdade provisória foi estabelecida, em quais condições, com quais hipóteses, segundo quais protocolos, a partir de quais discussões, e para obter qual grau de consenso. Em outras palavras, uma educação democrática, como dissemos acima, baseia-se na argumentação racional e, portanto, na sua formação desde a mais tenra idade. O livre julgamento dos pares, no domínio do conhecimento, e a discussão cidadã dos usos das ciências no nível social são ainda os fundamentos democráticos mais sólidos da autoridade do saber. A pedagogia democrática não pode se identificar com a determinação pela opinião dos alunos ou dos pais do que convém ensinar. Cairíamos na demagogia, na manipulação e, para ser franco, em um novo despotismo da opinião se supuséssemos que todo mundo sabe tanto, ou mesmo que os alunos sabem mais do que o mestre. O professor deve guiar essa interrogação coletiva, animá-la, enquadrá-la também, e transmitir, graças a essa prática coletiva, as virtudes intelectuais do "automonitoramento" em todas as maneiras de raciocinar e falar. Reencontramos aqui nossa proposta apresentada no início desta obra segundo a qual todos os professores, sem exceção, devem estar engajados em um processo coletivo de pesquisa. Pois como poderiam transmitir esse espírito de liberdade e esse gosto do trabalho em comum se eles mesmos não os praticassem? A democracia não pode, portanto, traduzir-se da mesma maneira quando se trata dos conteúdos ensinados ou das regras da classe. Embora haja de fato uma certa heterogeneidade das dimensões pedagógicas, não há, entretanto, contradição aqui. Um clima democrático na classe é a condição mesma do espírito de investigação e do livre questionamento. Com efeito, a autonomia intelectual e a prática do autogoverno coletivo pressupõem uma mesma atividade reflexiva, questionadora e deliberativa, que constitui a coerência dessa pedagogia instituinte.

A imaginação pedagógica

A imaginação é uma faculdade indispensável em uma pedagogia que pretenda desenvolver nos alunos o questionamento sempre possível do conhecimento estabelecido, como o é em uma democracia de autogoverno que assuma a invenção de suas instituições e a possibilidade sempre aberta de sua transformação. Contra o utilitarismo educacional, o psicologismo individualista e o patrimonialismo dos conservadores, a faculdade de criação intelectual e sensível trazida pela imaginação leva ao questionamento tanto do conteúdo dos saberes quanto das instituições. A finalidade da educação democrática, como dissemos, é desenvolver uma subjetividade que tenha a capacidade e o desejo de "fazer diferente". É aqui que vemos melhor o quanto é importante que os saberes sejam restituídos às experiências históricas e coletivas que lhe deram origem, antes de tornarem-se verdadeiras instituições cognitivas que devem ser interrogadas como tais. A reflexão sobre a história dos saberes em geral, e sobre a das disciplinas escolares em particular, deveria fazer parte do próprio ensino, a fim de que os alunos e os estudantes, por meio dessa epistemologia histórica, tomem consciência dos processos de construção dos saberes que adquirem (cf. os trabalhos pioneiros: Chevrel, 1998; e De Cock, 2018). Ao contrário dos conservadores, que postulam que o saber é um tesouro pronto que deriva seu valor de sua raridade e do monopólio exercido sobre sua propriedade por alguns eleitos, para os democratas o saber é o resultado de uma atividade coletiva com alcance idealmente universal. Essa falsa imagem de saber fixo e sagrado deve ser objeto de crítica na prática. Como o pensamento científico e a arte avançariam se o saber só guardasse essa imagem petrificada que o espírito patrimonial dos conservadores cultiva à vontade? Convém aqui apelar mais uma vez a Bachelard quando mostra o necessário confronto dos "poderes dialéticos do espírito", aos quais atribuía o mais alto "valor de instrução" (cf. Bachelard, 1986, p. 68). Como escreveu, apoiando-se em uma leitura original de Freud, "o pensamento racional é um sistema questionador em face de uma realidade adormecida" (Bachelard, 1986, p. 65-66). De onde viria a "hipótese", senão de uma ficção? Não há pensamento, e evidentemente tampouco arte, que não resulte de uma tensão entre o imaginário instituído nos saberes e a imaginação criadora que produz conhecimentos e novas obras. Devemos a Castoriadis, remontando além da idade clássica a Aristóteles, a reabilitação da função histórica da imaginação, sem a qual é difícil conceber as revoluções políticas, as rupturas estéticas e as emergências intelectuais. Da mesma forma, só haverá instituinte escolar se a pedagogia instituída abrir a possibilidade, em todas as suas atividades e práticas, tanto científicas quanto literárias, tanto estéticas quanto físicas, do livre exercício da imaginação. Isso não equivale a confundir racionalidade com imaginação. Certamente, no domínio do conhecimento, só avançamos se fizermos, como Bachelard nos convida a fazer, uma necessária "psicanálise" do pensamento. A elucidação de metáforas e imagens não é contrária ao reconhecimento da força da imaginação que libera rotinas e alienações: "Mais do que a vontade, mais do que o élan vital, a imaginação é a força mesma da produção psíquica" (Bachelard, 1995, p. 187), sustenta Bachelard. Mas foi também a grande lição do sociólogo norte-americano Charles Wright Mills, para quem a "imaginação sociológica" (que também se poderia dizer histórica ou estética), para produzir conhecimento sobre os "mundos sociais", teve que mobilizar as representações de múltiplas experiências sociais possíveis. Estabelecer comparações entre elas, estimular as mais variadas identificações imaginárias com indivíduos que vivem em situações sociais diferentes daquelas que cada um pode conhecer pessoalmente, é tornar-se capaz de relacionar sua experiência individual e a história da sociedade como um todo. Ao contrário de Dewey, que queria que a pedagogia se apoiasse nas experiências vividas pelos alunos "no presente", Mills pensava que a experiência pessoal devia ser relacionada com todo tipo de experiências diferentes da sua, mesmo muito distantes no tempo e no espaço, a fim de que pudesse fazer sentido na história e nas estruturas sociais. Assim, não é exclusivamente a partir de experiências pessoais que se pode dar sentido aos saberes, é estabelecendo, por meio da imaginação, *relações de sentido* entre as "provações pessoais de meio" e os "desafios coletivos de estrutura social" (Mills, 2006). Em outras palavras, uma pedagogia preocupada com a democracia, ao suscitar a imaginação sociológica dos alunos, deve articular os saberes instituídos e as provações sociais e históricas que eles estão em condições de representar para si mesmos.

Política e pedagogia

Só escaparemos do conflito regressivo entre "pedagogos" e "eruditos" se pusermos em uma perspectiva política tanto as formas pedagógicas como as disciplinas escolares, nenhuma das quais é neutra. A pergunta que os professores devem se fazer é em que medida essa ou aquela proposta de mudança na classe constitui um avanço na formação da subjetividade democrática, e isso sem dogma nem ideia preconcebida. Não poderíamos nessa matéria ceder ao patrimonialismo conservador e tampouco ao cientificismo psicológico. Este último é particularmente significativo nas doutrinas e nas prescrições de métodos. É como se cada corrente importante da psicologia tivesse pretendido fornecer as chaves da boa pedagogia para finalmente estabelecê-la em fundamentos científicos incontestáveis. Foi o caso com a pedagogia comportamentalista inspirada no "behaviorismo", com a vulgarização da psicologia do ego norte-americana (de Anna Freud a Carl Rogers) que justificou o uso de métodos não diretivos em pedagogia, e foi mais ainda o caso com os dois grandes pensadores da psicologia genética, Henri Wallon e Jean Piaget, cujas obras foram utilizadas na pedagogia com deduções e prolongamentos que por vezes excediam significativamente os ensinamentos que se deveria ter aprendido delas se se tivesse levado em conta as suas precauções[70]. A história se repete hoje com a psicologia cognitiva e as neurociências, que pretendem fornecer ao pedagogo receitas infalíveis para ativar os circuitos neurais certos com os estímulos certos. O uso pedagógico da psicanálise não escapa dessa dificuldade. Pelo menos a pedagogia institucional propõe uma via menos doutrinariamente fechada do que a das aplicações psicológicas precedentes. Essa prudência é tanto mais louvável quanto essa forma de subordinar a pedagogia ao psicológico permitiu à "ciência da psique" tornar-se simbolicamente a soberana da educação.

Com base na objetivação psicológica, uma *doxa despolitizante* assim impôs-se na pedagogia. Ela repousa ainda amplamente em uma ideia antiga do indivíduo que carregaria dentro de si, desde a infância, as sementes do seu próprio desenvolvimento, o que leva, no plano pedagógico, a respeitar suas "etapas" ou a lhe acelerar um desdobramento conhecido de antemão. Esse paradigma do desenvolvimento individual combinou-se com um utilitarismo cuja única finalidade educacional pretendida é a adaptação às necessidades da economia e da sociedade. O vocabulário da sociedade de mercado e das empresas serve então para reinterpretar a relação pedagógica no espírito do capitalismo: contratos, negociações, projetos, oficinas, equipes, tecnologias etc.

---

70. A periodização e a caracterização dos estágios do desenvolvimento da criança em Wallon dão lugar a conclusões pedagógicas que interpretam de forma bastante mecanicista a "lei" da alternância funcional segundo a qual se sucedem períodos com dominâncias centrífugas e períodos com dominante centrípetas. Da mesma forma, a "lei" piagetiana de "assimilação funcional" poderia dar margem a interpretações muito abusivas sobre o tipo de atividades intelectuais a serem propostas à criança em função do suposto estágio que ela teria alcançado.

Assim, o desenvolvimento psicológico acaba por "encontrar" em seu caminho as "competências" de inovação, iniciativa e empreendedorismo, aliás esperadas pelas empresas, por uma espécie de convergência milagrosa. Esse desvio da "revolução pedagógica" foi facilitado pelo "modernismo" reivindicado pelas correntes renovadoras, e até mesmo pelo industrialismo que, como vimos, constituía em parte o imaginário das novas pedagogias. Essa reviravolta não é nova. Dewey, em seu tempo, já alertava para a confusão que poderia existir entre o uso na escola de ferramentas, técnicas e modos de organização desenvolvidos no campo do trabalho e o fato de se transformar a escola em "auxiliar das empresas industriais e comerciais" (Dewey, 2011, p. 408). Aos seus olhos, se essa anexação devesse se impor, "a educação se tornaria então um instrumento para perpetuar sem mudança a atual ordem industrial da sociedade, em vez de tornar-se um meio de transformá-la" (Dewey, 2011, p. 409). Essa afirmação permanece de uma atualidade cruel, com a extensão do domínio neoliberal para a educação. A questão política consiste, portanto, em saber se o mundo escolar é hoje capaz de responder ao desvio empresarial das "novas pedagogias" pela reformulação de um projeto democrático no próprio campo da pedagogia. É preciso, no entanto, abster-se de toda ilusão escolarista. Fernand Oury demonstrava a esse respeito grande prudência: "É pueril acreditar que mudando, até mesmo profundamente, a nossa classe, nós mudamos o mundo. Será também pueril pensar que a existência de algumas classes revolucionárias pode tornar-se um novo elemento suscetível de influenciar de uma forma ínfima, talvez, o processo geral de evolução da sociedade? Não sabemos" (Vasquez *et al.*, 1972, p. 107).

No entanto, contra a adaptação da escola aos imperativos econômicos, a perspectiva democrática na pedagogia deve ser assumida. Mas não aplicando receitas prontas, um manual de instruções "revolucionário" ou um plano de novas instituições: isso seria contraditório com a própria ideia de uma pedagogia instituinte. Segundo os níveis escolares, as circunstâncias locais e os parâmetros sociológicos, as invenções democráticas não podem ser idênticas. O importante é, ainda aqui, a ação imaginativa dos docentes nas suas relações com os alunos.

5
O autogoverno das instituições de saber

A grande questão política suscitada hoje perante a grande crise da democracia dita representativa e da expansão das formas mais brutais de governo no mundo é de saber como criar uma forma de democracia mais autêntica e mais radical em todos os aspectos da vida coletiva. Essa questão também surge na educação: que forma tal democracia poderia aí assumir?

A escolarização das sociedades pelo Estado teve efeitos consideráveis e contraditórios, unificou as nações culturalmente e respondeu a uma aspiração de acesso aos saberes cada vez mais intensa ao longo do tempo. Uma de suas consequências foi uma mudança de olhar sobre a escola estatal, doravante considerada por grande parte da população menos como uma instituição soberana do que como um "serviço público" que atende a uma necessidade social. Tanto os sindicatos de professores quanto os partidos de esquerda contribuíram para essa evolução no século XX. No entanto, e de forma contraditória, a subordinação das instituições escolares à função e à estrutura da máquina burocrática do Estado, à sua ideologia soberanista e às suas práticas de comando ainda determina, e de forma direta, as práticas escolares, os conteúdos de ensino e suas finalidades, como vimos acima, e bloqueia a transformação democrática. Este serviço público continua a ser uma administração centralizada e hierarquizada, funcionando permanentemente de cima para baixo, sobre a qual os profissionais, os usuários e a população em geral têm muito pouco controle. Democrática por alguns de seus efeitos – a difusão da cultura na população, ainda que de forma desigual –, ela não o é em seu modo de governo.

Ora, um dos aspectos da crise da escola atual é o *desencanto* em relação à instituição escolar. Uma escola de massa regida pela competição acadêmica e social e que pratica a exclusão interna em carreiras e estabelecimentos socialmente segregados produz em massa "decepcionados" animados por sentimentos negativos não somente em relação à escola, mas em relação a todas as instituições. E por uma boa razão: a falta de reconhecimento social e a distribuição desigual de dignidades e riquezas parecem depender, em uma sociedade escolarizada, exclusivamente de vereditos escolares. Esses efeitos perversos formam um ciclo: uma escola que não foi capaz de cumprir inteiramente suas promessas de igualdade em uma sociedade de classes não pode superar o ressentimento e o distanciamento de muitos dos perdedores de um sistema socialmente seletivo. Os sociólogos da educação falam de bom grado de anomia, alienação e evasão escolar[71]. Esses fenômenos, embora não sejam completamente independentes das diferenças de trunfos econômicos e cultu-

---

71. Para um quadro desencantado da massificação escolar, cf. Dubet, 2020.

rais dos alunos e do desenvolvimento de uma "cultura juvenil" bastante distanciada dos conteúdos escolares, suscitam a questão das suas causas principais. Será que essa falta de integração, que pode chegar à desfiliação escolar, como vimos acima, deve-se a uma falta do poder disciplinar da instituição sobre os alunos e estudantes, ou, ao contrário, como pensamos, a uma falta de igualdade e de participação democrática real dos alunos e estudantes na vida institucional? Essas duas vias, a do fortalecimento do poder disciplinar e a da participação democrática, encontram-se em todos os domínios e, mais amplamente, na concepção que temos da organização política das sociedades. Sabe-se que hoje a primeira via, dita "autoritária", tem o apoio da direita conservadora e da extrema direita, e até mesmo de uma parte da esquerda falaciosamente batizada de "republicana". A segunda, atualmente minoritária no plano da representação política, responde a uma aspiração contrária, não a um aumento de "verticalização" do poder e a uma repressão mais intensa de condutas perigosas ou não conformes, mas à democracia de base, à ação coletiva e à auto-organização. Em outras palavras, na opinião pública, alguns querem aumentar a dimensão vertical e autoritária do Estado, enquanto outros querem colocá-lo sob um controle mais direto e mais local, ou seja, mais efetivo, da sociedade.

Estamos na encruzilhada. Se vemos mais ou menos o impasse representado por um endurecimento disciplinar e repressivo na sociedade, vemos menos as implicações concretas da democracia real no governo das instituições, e nomeadamente na instituição escolar e universitária. Será que essa democracia que permite a participação de professores, alunos, famílias e cidadãos da governança dos estabelecimentos é possível quando o hábito da verticalização estatal está tão profundamente ancorado? Será que a superação do atual estágio burocrático e estatal da educação é possível sem cair em uma educação regulada pelo mercado, o que certamente seria bem pior?

No primeiro capítulo, desenhamos uma nova arquitetura geral das instituições de saber. Dizíamos que a Universidade Democrática é uma federação que tem duas funções principais, a defesa da liberdade acadêmica e a efetivação do direito de acesso universal aos saberes. Devemos agora examinar outra face do projeto, a da democracia interna que rege os estabelecimentos que a compõem. Cada estabelecimento em todos os níveis de ensino deve ser transformado em um *comum educacional*, ou seja, um espaço institucional autogovernado que assegure um acesso universal aos saberes[72]. Para refletir sobre as condições concretas desse autogoverno das instituições de saber e sobre algumas das dificuldades que este aspecto desse projeto pode encontrar, seguiremos aqui três linhas de questionamento. A primeira incide sobre os grandes modelos da democracia escolar. A segunda é histórica e se pergunta quais lições podem ser extraídas de algumas grandes contestações da ordem escolar e de experiências de autogestão no domínio educacional. A terceira responde a um trabalho de imaginação política, sendo a questão de saber que forma institucional precisa uma possível democracia educacional poderia assumir.

---

72. A problemática do transcrescimento dos serviços públicos em instituições do comum foi desenvolvida em Dardot *et al.*, 2014.

Um soberanismo educacional contestado

A escola estatal impôs-se como uma das instituições fundamentais do Estado-nação, destronando ao menos parcialmente a Igreja em sua função de pastoreio intelectual e moral das novas gerações. Exerceu um modo específico de dominação política que não apenas unificou e normalizou as condições de escolarização em todo o país, mas, de maneira mais ampla, construiu uma cultura nacional, como Gramsci bem o havia visto. A revolução iluminista afirmou o caráter essencialmente nacional da educação e a responsabilidade eminente do Estado em questões educacionais. Esta ideia diretriz geral vai conhecer, segundo os períodos históricos e os contextos, diversas traduções institucionais na França. A Revolução pretende criar vários tipos de estabelecimentos de ensino a fim de dotar a República de uma rede que difunda a instrução em todas as classes da sociedade e em todo o território nacional. Sob o Império, o Estado considera que a existência de uma rede de estabelecimentos não basta para garantir a formação dos quadros do país, e que é preciso uma estrutura hierarquizada e centralizada para assegurar o controle dos saberes e das mentes. Após a Restauração, que reintroduz a preeminência da Igreja sobre os conteúdos de ensino, a centralização administrativa e política toma forma gradualmente por meio de sucessivas leis fundadoras (lei Guizot de 1833 sobre as escolas primárias, lei Faloux de 1850, lei Ferry de 1882). A criação das academias, em 1854, tendo à frente um reitor nomeado pelo governo, confere ao arcabouço institucional um perfil piramidal que mudará pouco até as leis ditas de descentralização dessas últimas décadas.

Mas essa tão complexa vitória não deve ser conquistada de uma vez. O Estado não foi capaz de impor inteiramente o esquema histórico da soberania. Dois limites apareceram ao longo das eras. O primeiro tem a ver com a herança da luta entre Igreja e Estado. A Igreja, em nenhum lugar, cedeu inteiramente sua vontade de poder sobre as mentes por meio da obra escolar. A Universidade, por sua vez, e desde a Idade Média, lutou pela sua independência. Os ideais do humanismo e do Iluminismo posteriormente impediram o controle integral do Estado sobre as coisas do espírito e as matérias de instrução. A questão foi suscitada na Revolução Francesa e percorreu todo o século XIX nos meios jurídicos e políticos, ecoando as aspirações do Iluminismo: será que a soberania do Estado deve estender-se à instrução? A distinção entre lei e saber estava presente desde o plano de instrução de Condorcet, e abriu caminho para uma outra distinção fundamental, mas cujas consequências práticas até hoje ainda não foram completamente tiradas, entre soberania e serviço público (cf. Dardot *et al.*, 2020).

Esta última noção rompeu com a longa tradição da soberania, fazendo com que as ações do Estado já não aparecessem por comandos, mas por serviços prestados à população, e correspondendo a necessidades sociais legítimas. No entanto, a escola ficou no meio do caminho, protegida de um lado pela longa tradição da independência intelectual, e submetida, de outro, à pregnância do modelo histórico do Estado soberano. A mobilização da esquerda pela causa da escola pública, a ponto de torná-la, durante muito tempo, a sua grande causa no século XX, só foi possível na medida em que o Estado respeitava uma relativa independência institucional em nome da liberdade intelectual e da autoridade científica, em troca de uma submissão dos professores a métodos e conteúdos neutralizados e controlados pela administração central.

O segundo limite está ligado à luta de classes e ao seu declínio no interior do espaço escolar. Embora, no século XIX, os primeiros socialistas tenham rejeitado a ideia de uma educação controlada pelo Estado, eles uniram-se ao projeto de uma escola pública, desde que não fosse um mero instrumento ideológico nas mãos da burguesia. A burguesia republicana, por sua vez, usou para o seu próprio benefício o contraste constituído pelo trabalho das crianças e o domínio clerical sobre sua "alma" para justificar uma escolarização regida pelo Estado. A escola compulsória tal como posta em prática pelos republicanos dez anos após o esmagamento da Comuna não é uma conquista democrática do movimento operário. No entanto, as convergências entre as abordagens republicanas da escola e as perspectivas educacionais dos socialistas permitirão um grande compromisso histórico (cf. Plenel, 1985). O sindicalismo docente, por um tempo proibido, desde o início do século XX veio trazer para o desenvolvimento do Estado educador o apoio de um corpo docente cada vez mais numeroso, vinculado à causa da escola pública.

Não devemos subestimar essa inflexão do socialismo em direção ao Estado social e educador. Marx de fato tentara, à sua maneira, desvendar a armadilha representada, para ele, por essa evolução em direção à escola estatal. Ceder nesse ponto era aceitar a perda progressiva da autonomia cultural e política do mundo operário (cf. Laval, 2018, p. 113ss.). No que Marx era fiel à ideia da auto-organização do proletariado. Com efeito, o ideal educacional do socialismo baseava-se em um *continuum* entre a oficina e a sala de aula. A educação "politécnica" para uns e a educação "integral" para outros significava que o desenvolvimento da mão e do cérebro, da qualificação e da inteligência, andavam de mãos dadas. Essa educação socialista devia permanecer sob controle operário, ela era parte constitutiva da cooperação e da mutualização do trabalho, e devia fortalecer a autonomia da classe operária. É nesse sentido que Marx denunciava com a maior severidade o ideal da *educação popular pelo Estado* tal como o vislumbrava o Partido Social-Democrata em seu programa de Gotha, "do início ao fim infectado pela servil crença lassalliana no Estado" (*apud* Marx *et al.*, 1976, p. 88). No entanto, e é aqui que a sua posição é original, ele defendia contra os proudhonianos a necessidade de uma lei que tornasse a instrução obrigatória. O legislador devia exercer uma espécie de supervisão do sistema escolar como um todo, sem tratar cada escola como se se tratasse um departamento de uma grande administração. Em uma intervenção feita perante a Associação Internacional dos Trabalhadores (AIT), ele introduzia uma distinção fundamental entre a escola pública e a escola controlada pelo governo, distinção que se baseava na diferença entre "público" e "estatal". Marx encontrava o esboço dessa escola pública nos Estados Unidos: "Fixar por uma lei geral os recursos das escolas primárias, a qualificação necessária para o corpo docente, as disciplinas ensinadas etc., e – como acontece nos Estados Unidos – determinar a supervisão por inspetores do Estado da execução das prescrições legais, é totalmente diferente de fazer do Estado o educador do povo!" (*apud* Marx *et al.*, 1976, p. 87). O que ele condenava não era, portanto, a existência de um quadro legal nem a manutenção das escolas por meio de um financiamento público, era a ingerência do governo, que não é melhor do que a da Igreja nos assuntos escolares e científicos: "A instrução pode ser ministrada pelo Estado sem estar sob o controle do governo", sublinhava ele em 1869 perante o Conselho Geral da AIT. E acrescentava: "O governo pode nomear inspetores cuja tarefa seria zelar pela observância das leis sem que tivessem o direito de interferir na própria formação, assim como os inspetores de fábrica zelam pela observância das leis nas fábricas" (*apud* Thành Khôi, 1991, p. 101-102). Encontramos aqui o ideal do *autogoverno* das comunas na gestão das escolas confiadas a conselhos escolares locais. Se a garantia do cumprimento das regras gerais que devem reger a escola de amanhã não vier de uma administração centralizada, qual será o vínculo entre as diferentes escolas de um país? Marx respondia que a escola pública não devia ser mais do que uma instituição que a sociedade dá a si mesma para se educar. Não é o Estado como órgão separado da sociedade que deve impor sua educação, seu programa, seus métodos, é a sociedade que deve organizar e determinar o seu próprio modo de educação. O paradigma socialista era assim respeitado: a autoeducação do proletariado é uma condição essencial, com a luta de classes, de sua autoemancipação. Marx assim exprimia, nas passagens citadas, um ideal que não lhe pertencia enquanto tal, aquele do autogoverno educacional em uma perspectiva socialista[73].

---

73. O autogoverno das escolas públicas em escala local que Marx defendia não deve ser confundido com a privatização dos estabelecimentos, seja pelo desenvolvimento de redes de escolas privadas, seja, como nos Estados Unidos, há vários anos, pela ascensão das *charter schools*, escolas laicas com gestão privada que se beneficiam de uma autonomia muito grande no ensino e nos programas escolares. Essas

Os três modelos de democracia escolar

Os saberes, para os primeiros socialistas e até para Marx, são inseparáveis da vida cotidiana, da cooperação produtiva e das relações sociais. A educação deve ser protegida das influências burguesas e das injunções burocráticas, mas deve sobretudo depender das expectativas sociais, ela é um prolongamento da vida social. O professor e a professora são eles próprios trabalhadores que estão ao serviço dos demais trabalhadores. Em suma, o paradigma socialista originário dificilmente coloca a questão da independência dos acadêmicos e dos docentes em relação à opinião pública, a "formação do cidadão" não pode ser outra coisa senão a educação integral do futuro trabalhador.

Por outro lado, a "formação do cidadão", ligada à tradição do Iluminismo, está no centro do projeto republicano. Como vimos, para Condorcet, guiado pelo seu otimismo filosófico, o progresso geral do Iluminismo deve necessariamente guiar o progresso político, difundindo os saberes em uma sociedade composta por indivíduos que ainda não sabem o que devem saber para serem livres. O que tem por consequência prática subtrair a instrução do controle direto do Estado e colocá-la, como propunha Condorcet, sob a autoridade de uma Sociedade Nacional das Ciências e das Artes que reúna os melhores estudiosos de uma época. Pois que se a escola é de fato um órgão da República, para que ela cumpra sua função primordial, que é preparar cidadãos ativos, capazes de julgar leis necessárias e a melhor Constituição, ela deve ser independente do poder

---

escolas privadas mantêm a fragmentação dos sistemas nacionais de educação segundo lógicas de divisão social.

político, e sob a exclusiva autoridade do próprio saber. Em suma, segundo este paradigma republicano, nisso muito diferente do paradigma socialista, a formação do cidadão não obedece a um ideal de autoeducação popular, ela supõe uma forte autonomia dos eruditos e dos professores em relação aos poderes estabelecidos e à opinião pública. Este projeto nunca foi completamente implementado. Um século depois da Revolução Francesa, a grande ideia republicana de escola pública certamente se pretendia fiel aos valores do Iluminismo, mas a escola "real" permaneceu controlada de forma extremamente rigorosa pelo Estado a fim de assegurar uma ordem social pelo menos diferente dos grandes ideais que a classe dominante reivindicava. Pode-se mesmo falar, à maneira de Foucault, de uma verdadeira "pastoralização" do poder do Estado, com o professor tomando o lugar do padre no trabalho de normalização moral da população. "Formar cidadãos"? A instrução cívica nunca foi um verdadeiro aprendizado da democracia, a escola não foi definida como um lugar democrático onde se aprende pela prática a tornar-se cidadão. Essa questão da formação dos cidadãos ainda assombra a escola. Aliás, ela sempre causou problema para a classe dominante e para os quadros do Estado: como conceder verdadeiros direitos políticos a alunos considerados juridicamente menores? Outrora, a educação cívica, e hoje a "educação para a cidadania", constituem pequenos males que obstaculizam qualquer exercício de uma verdadeira cidadania na própria escola[74].

---

74. Para a história complexa da "educação para a cidadania", traduzindo os embaraços do governo das mentes, cf. o relatório de Bozec, 2016.

As correntes da Educação Nova, desde o fim do século XIX, vão propor um terceiro modelo democrático, diferente do modelo republicano inspirado no Iluminismo e daquele próprio do socialismo. A democracia na escola não é nem a autonomia dos eruditos educando o povo, nem a autoeducação do proletariado, mas a autonomia pedagógica dos alunos, condição de uma democracia moderna. O ponto de oposição à forma dominante de escola é o pleno desenvolvimento da criança pelo exercício de sua liberdade. E essa liberdade da criança é a condição de uma sociedade mais livre. O futuro da democracia está, portanto, em jogo na escola, na sua pedagogia. O título da obra de Adolphe Ferrière, publicada em 1921, resume seu ideal: *L'Autonomie des* écoliers. *L'art de former des citoyens pour la nation et pour l'humanité* [A autonomia dos estudantes. A arte de formar cidadãos para a nação e para a humanidade] (Ferrière, 1921).

Essa perspectiva considera o aluno como um sujeito que aprende em liberdade porque quer aprender. Mas os limites dessa abordagem em matéria de democracia são de várias ordens. A extensão da "autonomia" da classe ao estabelecimento, e do estabelecimento à sociedade, não tem nada de evidente. E sobretudo, a filosofia geral da Educação Nova baseia-se maciçamente em uma psicologia naturalista da criança, difícil de conciliar com uma perspectiva política[75]. Primeiro Dewey, depois Freinet e a pedagogia institucional introduzem uma ruptura no próprio seio dessa corrente pedagógica, recusando o individualismo extremo dessas "pedagogias não diretivas", ainda que restem, notavelmente

---

75. A crítica feita por Bernard Charlot (1976) ainda é válida. Também podemos nos referir à crítica da ilusão pedagógica e à análise de seus usos pela classe dominante em Wagner *et al.*, 1973.

em Freinet, traços desse naturalismo que caracteriza filosoficamente a Educação nova.

Em suma, em face do risco representado pela ideologia soberanista do Estado em matéria educacional, três modelos heterogêneos têm disputado, ao longo da história, a definição de uma escola democrática: o paradigma republicano que defende a independência dos saberes e de seus servidores; o paradigma socialista da autoeducação do proletariado; e o paradigma da autonomia pedagógica dos alunos. Em que medida é possível articular esses modelos? Uma série de pedagogos, políticos e educadores fizeram sínteses parciais. Vimos acima como um Jaurès ou um Gramsci, reconhecendo a extensão da escola pública e, portanto, uma transformação do Estado, refletiram sobre a forma como o proletariado poderia desenvolver no interior do campo estatal, no horizonte de uma vitória política do socialismo, um projeto original de escola popular. Tendo em mente a Revolução Francesa, ambos foram levados a pensar ser possível a soldadura do que Jaurès chamava de "força do trabalho" com a "força do saber" ou, em outros termos, do socialismo com a tradição iluminista. Quanto à dimensão autogestora da pedagogia, ela combinou-se com o socialismo em certo número de correntes da Educação Nova, notadamente em Freinet, Oury ou Freire. A democracia da escola aparece então como uma consequência da busca de autonomia dos alunos na classe e do questionamento da relação mestre-aluno. Mas em vez de considerar de maneira abstrata uma possível combinação entre esses três modelos, é melhor retornar a um certo número de situações políticas de crise e luta, durante as quais a questão dessa articulação foi concretamente suscitada.

Maio de 1968 ou o meio-fracasso da autogestão na escola

Maio de 1968 foi a expressão súbita de uma aspiração democrática em todos os domínios, mas não conseguiu gravá-la duravelmente nas instituições. O fôlego político sem precedente baseou o problema da democracia na escola, mas desembocou em um resultado bem mitigado. Em face da concepção acanhada da laicidade como "neutralidade da escola", contra a opressão da juventude, liceais e estudantes reivindicam então um direito à política e à sexualidade para os adolescentes[76]. O diálogo, a participação, o debate, a "abertura para o exterior" e o "direito à palavra" são as grandes reivindicações das atas e dos panfletos dos comitês de ação liceais e estudantis (cf. Laval, 2008, p. 610-611). A contestação incide simultaneamente sobre a relação pedagógica e sobre a função social e ideológica da escola. O monopólio da palavra magistral que não deixava nenhum lugar para o discente é posto em questão. Mas os conteúdos são igualmente criticados, porque muito distantes das contradições da sociedade. A escola e a universidade assepsiam a relação com o real, e elas devem tornar-se os lugares da reflexão crítica sobre a sociedade. Rudi Dutschke define assim a estratégia de contestação estudantil: "Transformar a atividade inteligente especificamente humana em uma razão explosiva contra a sociedade atual" (Dutschke, 1968). Donde a valorização da discussão e da crítica, em consonância com o movimento do *Free Speech* lançado pelos estudantes

---

76. A obra mais emblemática dessa dupla reivindicação é o livro dinamarquês cujo título em francês é: *Le Petit Livre rouge des écoliers et lycéens* [O Livrinho Vermelho dos estudantes do ensino fundamental e médio]. Lausanne: Cedips, 1970.

americanos alguns anos antes. Denuncia-se nos panfletos dos meses anteriores ao mês de maio de 1968 a competição escolar, a hierarquia, a classificação e a alienação do quadro futuro. É estabelecido o vínculo entre a relação pedagógica e a forma geral das relações sociais em uma sociedade capitalista: a hierarquia escolar entre os alunos e o poder absoluto, não discutido nem compartilhado, do mestre, são os reflexos, no microcosmo da classe, da dominação da classe burguesa sobre as classes dominadas. Esse "uso da palavra" no terreno escolar e universitário é indissociável do movimento da sociedade como um todo, que tem submetido à análise crítica todas as relações existentes entre os indivíduos, no trabalho, na família, no universo político, no mundo da informação e da cultura. O período em torno do Maio de 1968 reflete uma "crise de governamentalidade", segundo a expressão de Foucault: os governados já não suportam a maneira como são governados.

Mas o que saiu disso? Vimos uma outra escola, uma outra universidade tomar forma? É preciso admitir que o balanço é escasso do lado da criação instituinte. O revés da totalização crítica do Maio de 1968 é a ideia de que nada que valha a pena pode ser criado enquanto o sistema capitalista permanecer em vigor. A contestação dos mecanismos de representação levou seus atores a privilegiar formas de organização provisórias e informais. É o caso dos "comitês de ação" que se proliferaram a uma velocidade notável na superfície de toda a sociedade, mas dificilmente duraram mais de um ano ou dois. Essas formas flexíveis e inventivas, cujo modelo continua sendo o movimento do 22 de março de Nanterre, não tinham precisamente nenhuma vocação fora a própria ação.

Na medida em que o objetivo do movimento tinha como horizonte a grande revolução socialista, qualquer transformação parcial das instituições era vista com a maior suspeita. A experiência do Centro Universitário Experimental de Vincennes, criado no outono de 1968, é o melhor exemplo disso. As intenções por trás de sua criação são ambivalentes: para as autoridades, tratava-se de afastar o protesto estudantil do epicentro do Quartier Latin, mas também de implementar o projeto reformador e modernizador do então ministro da Educação Nacional, Edgar Faure. Se esquecermos por um momento a lista de intelectuais de prestígio que embarcaram na aventura e fizeram a lenda de Vincennes, dois grandes traços da experiência devem ser registrados. Eles concernem, por um lado, à abertura social da universidade e, por outro, à ligação com a política. Aberta a não graduados e estudantes estrangeiros, a Universidade de Vincennes facilita o acesso de jovens e menos jovens que já estejam na vida profissional, graças ao seu modo de organização pedagógica, que oferece principalmente muitos cursos noturnos. Ela permite, assim, uma mistura social sem precedente na universidade francesa. O caráter original de inúmeros ensinos está de acordo com esse espírito de abertura: cinema, psicanálise, teatro e urbanismo fazem sua entrada na universidade. Alguns departamentos suprimem as provas e os métodos de avaliação tradicionais. Disciplinas tão diversas como a filosofia, a literatura, a história ou as matemáticas se descompartimentam e se transversalizam. Se o pensamento crítico aí aventurou-se, é igualmente manifesto o impasse de um certo esquerdismo espontaneísta e anti-institucional. A prática autogestionária é de antemão recusada porque demasiado pouco radical. Os esquerdistas de Vincennes querem a revolução total, não uma transformação parcial do sistema educacional. Para retomar a famosa distinção de Gramsci, a amplamente mitificada "guerra de movimento" prevalece sobre uma "guerra de posição" que é então equiparada a um reformismo dilatório. Nesse sentido, Vincennes testemunha muito mais o anti-institucionalismo de Maio de 1968 do que uma tentativa de reconstrução alternativa da universidade. Esta oportunidade perdida é particularmente lamentável porque Vincennes acolheu no seu seio partidários de uma corrente favorável à autogestão educativa, como Georges Lapassade, Michel Lobrot, René Lourau e Rémi Hess, que pretendiam conferir uma dimensão política explícita à questão pedagógica. A autogestão era pensada por eles não mais exclusivamente nas coordenadas da relação professor-aluno, mas como um meio de transformar radicalmente toda a instituição. O "conselho" já não é simplesmente um meio de gerir uma classe, mas um "analisador" da situação e um revelador de um sistema, ou seja, um instrumento de mudança. René Lourau observa que "A autogestão da tarefa e a análise permanente dessa autogestão no sistema de referência da instituição é o projeto que a pedagogia institucional se propõe" (Lourau, 1971).

Em suma, o movimento de Maio de 1968 fez da pedagogia um objeto político, e isso em larga escala, ao considerá-la nas suas relações com as formas de dominação na sociedade[77]. Mas embora tenhamos visto o esboço de um processo instituinte ser criado, ele não foi levado a termo. Isso foi bem observado por Castoriadis. Em um texto escrito

---

77. Cf. a edição "histórica" da revista *Partisans*, "Pédagogie: éducation ou mise en condition?", n. 39, out.-dez. 1967.

"no calor do momento", ele aventou que o movimento havia "começado a realizar a gestão autônoma e democrática das coletividades por elas mesmas", reatando assim com as revoluções do passado (Castoriadis, 1988a, p. 92). Vários anos depois, ele fazia o balanço de um meio-fracasso: "As pessoas buscavam a verdade, a justiça, a liberdade e a comunidade. Elas não puderam encontrar formas instituídas que encarnassem duravelmente essas ambições" (Castoriadis, 1988b, p. 186). Maio de 1968 não se muniu das instituições de autogoverno ou não pôde fazê-lo de forma suficientemente completa, o que teria dado substância ao desejo democrático. É que a *possibilidade* de instituições alternativas duradouras só foi vislumbrada em 1968, e isso pelas razões políticas que mencionamos acima. Nos anos que se seguiram, o que parece restar da contestação é um programa de modernização e racionalização, ao qual se soma uma ligeira concessão de "participação". A política radical não desapareceu de repente, é claro, e muitos professores quiseram conferir um sentido político ao conteúdo e à forma pedagógica. As "mesas redondas", os "debates" e as "enquetes" tornam-se marcadores políticos. Mas a tendência geral é à renovação do sistema educacional para adaptá-lo às normas do neocapitalismo e do "individualismo liberal". Passa-se progressivamente da escola-caserna à escola-empresa em poucas décadas, frustrando assim as esperanças daqueles que haviam acreditado na possibilidade da autogestão escolar como prefiguração de uma sociedade socialista[78].

---

78. Sobre o tema do "confinamento escolar" em um subúrbio parisiense, cf. Oury *et al.*, 1972.

Realizações autogestionárias posteriores

No entanto, o tema da autogestão permanece vivo nos anos 1970 e só desaparecerá repentinamente na virada dos anos 1980. A experiência da empresa LIP marca profundamente esse período. A autogestão escolar deixa de ser especialidade de alguns universitários isolados, ela se torna parte de um programa de autogestão generalizada da sociedade. O sindicato SGEN-CFDT tornou-se seu promotor entusiasta por alguns anos, antes de converter-se ao realismo econômico e político nos anos 1980. Um responsável do SGEN podia assim definir, em 1978, a escola autogerida como "uma escola na qual as partes interessadas, professores, usuários e trabalhadores serão chamados a organizarem, eles mesmos, a vida escolar em todos os domínios"[79]. Essa foi a época em que o livro de Neill, *Libres Enfants de Summerhill* [Liberdade sem medo], alcançou vendas recordes e experiências como a do liceu experimental de Oslo, criado em 1967 (cf. Jorgensen, 1975), tornaram-se referências obrigatórias do discurso crítico sobre a escola. Na Espanha dos anos 1980, experiências pedagógicas alternativas amiúde inspiradas em Francisco Ferrer conhecem uma inegável renovação, rompendo com as escolas do Estado ou da Igreja Católica, braço direito da ditadura franquista. Partindo de baixo, os "movimentos de renovação pedagógica" introduzem novos modelos de gestão escolar, abrangendo a eleição de diretores, a tomada de decisão em assembleia, a definição coletiva do emprego do tempo, matérias a serem estudadas, cardápios de cantinas, os modos de resolução de conflitos etc.

---

79. *L'Éducation*, 8 abr. 1978, *apud* Unesco, *L'Autogestion dans les systèmes éducatifs*, p. 8.

As criações institucionais de inspiração autogestionária são ao mesmo tempo raras e muito tardias na França. Elas aparecem mesmo inoportunamente, quando o momento pós-Maio de 1968 já está terminado. Vale a pena relembrar o contexto de sua criação na França nos anos 1980. Foi em fevereiro de 1982 que nasceu o liceu experimental de Saint-Nazaire. No âmbito da renovação escolar iniciada por Alain Savary, é dada carta branca aos dezoito professores reunidos em torno deste projeto que tem um objetivo circunscrito: encontrar respostas para o fracasso escolar acolhendo alunos excluídos do sistema tradicional. A deliberação autogestionária não se destina a se aventurar no terreno do conteúdo da formação. As inovações concernem à forma de aprender e gerir a instituição. O princípio geral, tanto em termos de atividades pedagógicas como de tarefas materiais, é a cogestão de alunos e professores, cada componente formando um "colégio" à parte. A democracia direta é a regra nas reuniões de cada colégio, que delibera e decide na presença de todos, embora logo se constate que muitos dos liceais dificilmente participam das reuniões. Os dois colégios reúnem-se no conselho de estabelecimento que se reúne de duas em duas semanas (alternando com reuniões de colégios). A gestão do estabelecimento, mesmo nos seus aspectos materiais (secretariado, cozinha, refeitório, documentação, jornal do liceu, manutenção de rotina), é assegurada de forma concertada por grupos de base que associam membros da equipe educativa e liceais. A outra grande inovação concerne à organização pedagógica, com a instituição de oficinas que, no espírito de Dewey, tratam de forma pluridisciplinar um determinado assunto. Os testemunhos de ex-alunos do liceu de Saint-Nazaire[80] sublinham certo número de contradições vivenciadas entre a adesão a um projeto cooperativo e uma atitude consumista, desenvolvida entre os alunos particularmente por não haver nenhuma obrigatoriedade de participação no governo do liceu. Os ex-alunos evocam tanto a sua reconciliação com a escola quanto o seu distanciamento dos objetivos implementados dentro da instituição autogerida. Esse mesmo sentimento está presente no liceu autogerido de Paris, que compartilha os princípios mencionados acima.

Que balanço se pode fazer dessas poucas experiências autogestionárias na França? Não se trata de insultar seus promotores, mas de constatar o seu fraco poder de movimentação dentro do sistema educacional. As experiências autogestionárias tiveram que consagrar muita energia para sobreviver organizando da melhor maneira possível o "nicho ecológico" que o sistema lhes ofereceu de bom grado. Por conseguinte, como avaliar suas potencialidades? O princípio da autogestão tem o mérito de mostrar concretamente que a maioria das questões fundamentais suscitadas nas instituições escolares podem ser debatidas abertamente por todos e tratadas segundo arranjos pedagógicos elaborados coletivamente, validados democraticamente e que nada devem a uma tutela hierárquica. Demonstrar que a escola pode funcionar na ausência de hierarquia tradicional e de subordinação burocrática, sem, no entanto, onerar os objetivos de transmissão de saberes, já é um sucesso. Mas isso ainda é pouco, porque a experiência local, mesmo

---

80. Cf. (Coletivo), *Création ou Récréation. Le lycée expérimental de Saint-Nazaire*. Paris: Syros, 1985. Cf. tb. Bernard *et al.*, 2007.

duradoura, fica amiúde limitada ao acolhimento de jovens "em dificuldade" com a escolarização, o que impede que se possa comparar plenamente os efeitos pedagógicos da autogestão com estabelecimentos "normais".

Uma longa história em pontilhado

As experiências francesas dificilmente desencadearam uma transformação mais geral da ordem escolar, e a ausência de politização da questão escolar limita seu alcance. Em outros lugares e em outros momentos, esse nem sempre foi o caso, como o demonstram certos exemplos históricos. A muito jovem escola soviética, no ímpeto da criação dos conselhos de fábricas e dos sovietes de 1917, chegou à abolição dos diretores e à eleição dos professores. Esse poder da base permitia adaptar os programas em função das condições culturais e socioeconômicas circundantes, sendo os enquadramentos centrais apenas indicativos. Poder-se-ia também evocar a obra escolar da revolução espanhola de 1936 orientada para o "livre desenvolvimento da criança". Os ativistas libertários da Confederação Nacional do Trabalho (CNT) espanhola estiveram na origem de uma rede de escolas independentes do Estado. Fortemente marcada pela tradição libertária de Francisco Ferrer, a escola revolucionária se opõe a toda dominação clerical e autoritária da escola. Em julho de 1937, o governo catalão constitui o Conselho da Escola Nova Unificada (CENU), que anuncia que "chegou o momento de uma nova escola inspirada nos princípios racionalistas do trabalho e da fraternidade humana". Juan Puig Elias, militante sindical da CNT e presidente do CENU, especifica: "É preciso organizar uma escola nova unificada de tal forma que não somente ela substitua o regime escolar que o povo quer destruir, mas também que crie uma vida escolar que se inspire em um sentimento de solidariedade universal e de respeito pela diversidade social e individual, e que tenha por base a supressão de toda classe de privilégios" (cf. Chambat, 2014, p. 122). O esmagamento da revolução e depois a longa noite do franquismo, dificilmente nos permite fazer um balanço dessa experiência revolucionária. Ela permanece, no entanto, um testemunho da extraordinária vitalidade que surge durante as revoluções. Essa inventividade é encontrada no caso de experiências educacionais conduzidas em conexão com as lutas pela autodeterminação dos povos oprimidos. A experiência da Escola Popular Kanak (EPK), em meados dos anos 1980, seguiu-se ao apelo ao boicote da escola colonial francesa (Chambat, 2014, p. 161-168). As escolas kanak, que envolveram até 10% da população escolar, são concebidas desde o início como estruturas de luta que, no seu funcionamento e no seu conteúdo, exprimem as aspirações do povo à independência (cf. Gauthier, 1996). Donde as prioridades educativas marcadas pela recusa de exames, o desenvolvimento de interações com a família e a tribo, a ancoragem social e ecológica, a primazia conferida à cooperação e ao diálogo sobre a competição. Encontramos alguns desses aspectos comunitários nas escolas de Chiapas que foram criadas após a revolta zapatista de janeiro de 1994. A educação zapatista faz parte de um projeto que visa a autonomia política das comunidades indígenas, na maioria das vezes de língua maia. As assembleias comunitárias, principais locais de deliberação e tomada de decisões, elegem tanto os representantes políticos como os mestres das escolas. O "projeto de educação verdadeira" proclama prontamente sua intenção de uma educação comunitária autônoma que "serve ao povo para fazê-lo crescer e resolver seus problemas [...], para ter um melhor conhecimento da realidade e que possamos compartilhá-lo com nossa comunidade" (*apud* Chambat, 2014, p. 169ss.). Nomeados por tempo determinado e exoneráveis, os mestres não abandonam a cultura do seu campo ou sua atividade profissional. Nesse contexto, a educação permanece orientada para a apreensão e a resolução de problemas relacionados às demandas sociais e políticas (cf. Chambat, 2014, p. 175).

Tais experiências, vinculadas a contextos particulares e a situações de alta conflitualidade, não podem ser transpostas para qualquer lugar. Mas têm a vantagem de não isolar a transformação democrática da escola da transformação social. Este é o desafio ao qual é confrontado qualquer projeto como o que buscamos elaborar. Como conceber de forma prática o autogoverno da escola no quadro de uma alternativa global? Como pensar tanto a democracia interna em um determinado estabelecimento quanto a integração deste último em um "sistema educacional" maior? A abordagem pela "autonomia escolar" ou a "autogestão pedagógica" dos anos 1960 baseava-se em grande medida em um postulado "atomístico", sendo a democracia concebida antes de tudo no espaço fechado das unidades de base, e mais frequentemente ainda na classe da escola elementar, sem considerar a escala maior de um "serviço público" e os problemas suscitados pela sua regulação geral. Ora, não se pode imaginar uma "outra escola" sem, ao mesmo tempo, refletir sobre a estrutura institucional geral do sistema educacional, assim como sobre a organização política da sociedade.

Um governo democrático de estabelecimento

São múltiplas as questões das quais a prática educativa instituinte deveria se apoderar para transformar cada escola em um *comum*. Hoje, na França, os modos de governo dos estabelecimentos escolares e universitários são muito diferentes dependendo do nível de ensino. O que parece mais democrático, no ensino superior, baseia-se na eleição da "presidência" e suas equipes. A "colegialidade" é aí reconhecida como um princípio estruturante das relações internas, e a auto-organização da vida dos estabelecimentos é aí relativamente desenvolvida, embora sempre sob o controle do Ministério do Ensino Superior, que detém um poder significativo em matéria de cursos e diplomas. No entanto, a margem de liberdade dos professores-pesquisadores tende a ser reduzida, devido a restrições orçamentárias, derivas gerenciais de certas presidências universitárias e ao autoritarismo ministerial. A margem dos estabelecimentos nos níveis secundário (colégios e liceus) e elementar (escolas primárias) é, entretanto, muito pouco desenvolvida. As formas de participação no conselho escolar ou no conselho de administração continuam restringidas por um poder burocrático vertical que deixa pouca margem para iniciativas reais aos profissionais e usuários locais. O exemplo dos conselhos de administração dos colégios e liceus é testemunha disso. Docentes, funcionários administrativos, sociais e de saúde, técnicos, operários e serventes, alunos e pais de alunos são convidados a participar na vida do estabelecimento por meio de seus representantes eleitos. Mas essa participação esbarra em um conjunto de proibições e quadros burocráticos que bloqueiam toda vida democrática autêntica. Os constrangimentos hierárquicos, regulamentares e financeiros são tais que estas instâncias servem para "cobrir" com uma fina camada de verniz "participativo" um funcionamento essencialmente centralizado da educação. A última palavra, em assuntos importantes, pertence sempre ao chefe do estabelecimento e a seus adjuntos, representantes do Estado e, como tais, detentores dessa parcela reconhecidamente pequena, mas decisiva, da soberania estatal. A reiterada implementação de reformas *top-down* é a forma caricatural dessa inclinação centralista, que, além disso, leva a um fracasso igualmente repetitivo.

Ora, um verdadeiro governo democrático da escola implicaria a participação ativa de todos na determinação das regras e normas da vida comum. Isso exigiria instituições internas verdadeiramente democráticas dentro das quais os diferentes pontos de vista dos atores pudessem ser confrontados. Na realidade, é toda a organização política dos estabelecimentos que deveria ser alterada. Pode-se ter uma primeira ideia geral do que poderiam ser as instituições de um estabelecimento autogovernado fazendo um esforço de "imaginação concreta". Professores, alunos e pais reúnem-se regularmente em assembleias colegiais e enviam delegados ao conselho do estabelecimento, que é a instância de direção do estabelecimento. Em cada início de trimestre são organizados "estados gerais do estabelecimento", reunindo esses diferentes colégios. A presença nas assembleias colegiais dos diversos atores deveria ser obrigatória, salvo por razões imperativas: não há direitos ao governo do comum educacional sem a obrigação política de participar dele. A escola não é um supermercado, mas uma instituição fundamental da democracia. Essa obrigação também seria uma medida igualitária: não são apenas os pais dos meios cultos e abastados que devem sentir-se comprometidos com as questões escolares, nem os melhores alunos, nem os professores mais dedicados ao bem comum. O conselho governa o estabelecimento, toma decisões importantes, representa a comunidade escolar externamente, perante as autoridades locais e até o Estado, e na organização federal dos estabelecimentos escolares. Ele é presidido, por tempo limitado, por um docente eleito pelos delegados para o conselho do estabelecimento, e cada reunião do conselho é aberta a todos os componentes do estabelecimento. Nada seria mais estranho ao princípio da democracia direta do que a busca absoluta de um consenso e de uma uniformidade. A multiplicidade dos atores envolvidos na educação implica diferenças e divergências de interesses e de opiniões. Sindicatos e associações participam livremente da discussão pública, e devem conceber-se como escolas de democracia.

Para constituir tal forma de autogoverno, a primeira medida a ser tomada é a extensão, a todos os níveis de ensino, do princípio da colegialidade, que tem por regra a eleição do presidente e do vice-presidente do conselho de estabelecimento, e isto por um número restrito de mandatos conferidos a fim de que eles nunca se separem do "colégio" que os elegeu e da comunidade escolar que provisoriamente representam. Não pode haver "comunidade escolar" enquanto o estabelecimento for comandado de cima e privado de verdadeira autonomia. O presidente e o vice-presidente do conselho de estabelecimento são eleitos e exoneráveis pelo conjunto dos colégios eleitorais, escolhidos dentre o corpo docente, a fim de preservar e garantir a própria finalidade da escola. Os eleitos não devem abandonar suas funções docentes, eles não são superiores hierárquicos dos seus colegas docentes. Como nos estabelecimentos de ensino superior, as tarefas especializadas são distribuídas entre os membros de uma equipe de gestão que tenha recebido um mandato coletivo.

A possibilidade dessa organização colegiada está em vigor no ensino superior, ainda que esteja longe de ser perfeita. Vários países a praticaram, notadamente a Espanha pós-franquista. Por que o que funciona nos departamentos universitários e nos laboratórios de pesquisa não deveria ser possível em outros níveis de ensino? A razão pela qual ela não foi implantada se deve à vontade do Estado de permanecer o senhor absoluto da política educacional em todo o território. Os "republicanos" adeptos da centralização administrativa esquecem que a Revolução Francesa adotara, em seu melhor momento, o princípio da elegibilidade local dos funcionários públicos, que a Comuna de Paris reinventou brevemente. A mudança que aqui propomos concerne, obviamente, à ligação entre a comunidade escolar e o Estado central. O responsável eleito deixa de ser o representante do Estado *na* comunidade e, enquanto tal, o seu chefe, ele passa a ser o representante da comunidade escolar *junto* do Estado central. Melhor ainda, ele se torna parte integrante de um *outro* Estado composto de todas as instituições autogovernadas, como veremos mais adiante.

Essa atividade a serviço da coletividade também deve ser feita pelos alunos. Atualmente, a atividade democrática dos alunos é ainda mais deficiente do que a dos professores. A livre escolha dos representantes de alunos e a muito relativa liberdade de expressão, consequências de maio de 1968, constituíram progressos, mas que permaneceram limitados.

Desde a década de 1970, os direitos democráticos dos alunos estão estagnados. Esses limites são, antes de tudo, os de um semblante mutilado de democracia representativa, que desresponsabiliza a massa dos alunos, os quais são isentados, após a eleição, de qualquer engajamento na vida coletiva. O abandono das urnas pelos estudantes do ensino superior atesta que a concessão de um pingo de democracia representativa sem desafios nem poderes concretos não é viável. O poder efetivo dos estudantes eleitos para os conselhos universitários é em si mesmo muito restrito. Eles dificilmente são os animadores de uma vida democrática nos estabelecimentos. Nos liceus, a liberdade de expressão, reivindicação central dos comitês de ação do período em torno de maio de 1968, também permanece muito restrita, inclusive para alunos maiores. A expressão política dos alunos dificilmente é aí autorizada, e isso em nome da "neutralidade" do espaço escolar, como se a política não fosse uma atividade adequada e não tivesse nenhum significado educacional, uma concepção bem estranha de espírito republicano. Como esperar uma verdadeira cultura democrática entre os alunos e os estudantes quando, no próprio ensino, as práticas de cooperação, as livres iniciativas, a deliberação e a reflexão coletiva permanecem ainda raras, marginais e/ou sem realizações concretas?

Esses limites vêm aumentar o sentimento amplamente compartilhado de que o estabelecimento escolar ou universitário é um lugar "estrangeiro", que a verdadeira vida dos jovens está em outro lugar. Ora, podemos imaginar uma vida coletiva completamente diferente, desde que sejam conferidos poderes reais às assembleias colegiadas e aos representantes de alunos e estudantes. As assembleias colegiadas podem apresentar críticas, reivindicações, propostas concretas e definir coletivamente as posições que os delegados terão de sustentar perante os diversos órgãos do estabelecimento. Os delegados devem cumprir mandatos não renováveis e prestar contas a seus mandantes. As assembleias de alunos devem ser realizadas sem a presença dos professores, a não ser que o clima da escola ou a idade dos alunos o proíba. Convém desconfiar das falsas camaradagens que, sob o pretexto da igualdade perfeita entre os que ensinam e os ensinados, são propícias a práticas manipuladoras. O autogoverno não deve significar a confusão de lugares simbólicos e funções, donde a diferenciação das instituições. Um ponto merece aqui ser destacado. Um dos obstáculos subjetivos ao desenvolvimento da democracia escolar pode ser encontrado nas versões mais individualistas do *autogoverno*, como aquela de *Summerhill*, onde por princípio a criança não deve encontrar nenhum limite para seu desejo. A democracia escolar, ao contrário, é feita para que o limite seja determinado de forma refletida, coletiva e racionalmente, segundo regras e procedimentos claramente fixados. Seu respeito, assim como a presença nas assembleias, faz parte das obrigações de cada um.

Os pais, pelo menos na idade em que os alunos não são maiores de idade, também têm o seu lugar na instituição democrática da escola. Certos clichês fazem deles "demissionários" ou "intervencionistas". Em ambos os casos, a relação com a escola não é boa. Os pais como partes integrantes na educação escolar devem encontrar o seu devido lugar. Eles não devem, em hipótese alguma, comportar-se como "consumidores de escola", privatizando o espaço escolar em benefício exclusivamente próprio. Pelo contrário, podemos esperar que se tornem atores na comunidade escolar, dando todo o tipo de apoio ao ensino, saberes e tempo, competêncais técnicas, conhecimentos de ofícios e de lugares, em conformidade com esses vínculos com a coletividade local que Freinet havia cultivado em Bar-sur-Loup ou em Saint--Paul-de-Vence. Conter a apropriação privada da escola por "consumidores de escola" pressupõe que os pais dos alunos gozem de direitos coletivos efetivos no âmbito de uma assembleia colegial independente.

Esse governo de um bem comum educacional, em cujos detalhes não entraremos mais adiante, foi concebido para evitar três armadilhas. A primeira é o corporativismo. Os professores não são os proprietários da escola, eles são os principais responsáveis e guardiões, uma vez que o objeto específico da escola é de fato a educação por meio da aquisição de saberes formalizados. O segundo perigo é a demagogia, que, sob o pretexto de "igualdade de inteligências", sugere que os alunos sempre saibam de antemão o que devem saber e possam dispor dos serviços educacionais segundo bem entenderem. Essa concepção dessocializada de educação está nos antípodas da ação socializadora própria da escola que, para levar todos à autonomia, não pode confundir esta última com mero capricho. A terceira armadilha é a apropriação familiar do espaço escolar, que tende a torná-lo um lugar de benefício privado, um prolongamento da família, ou até mesmo um domínio reservado às classes privilegiadas, à maneira das escolas privadas controladas pelas elites sociais locais.

Os efeitos do autogoverno

Um certo número de resultados em matéria de educação pode ser legitimamente esperado do engajamento dos diversos atores da educação na comunidade escolar. Primeiro em matéria de "liberdade pedagógica" enfim concedida aos professores. Esta é bem ilusória quando os conteúdos, as progressões e os ritmos são determinados por programas, "indicações" de noções e métodos coercitivos de avaliação. Devolver ao coletivo docente o cuidado de declinar a transmissão de uma cultura comum exigente em função do nível dos alunos, mas sem a demagogia que leva a diminuir as expectativas para ter tranquilidade nas classes, seria uma verdadeira conquista para todos os professores, os quais seriam finalmente reconhecidos por suas competências verificadas em concursos, cujo princípio não deveria ser abandonado. Favorecer a necessidade imperiosa de coordenação dos ensinos disciplinares pela harmonização das progressões na escala de uma classe ou de um nível é o que permitiria superar a discordância entre matérias já sublinhada por Durkheim no início do século XX. Quanto à "renovação" da escola, que cada ministro quer tornar sua causa, e que falha por não conseguir envolver os professores, ela só pode partir das iniciativas coletivas da base, as quais devem ser sustentadas, incentivadas e reconhecidas, sobretudo pelos poderes locais. As pedagogias cooperativas não nasceram de cima, elas não devem nada à hierarquia vertical, aos chefes da administração, os quais, ao contrário, fizeram o que podiam para impedi-las, e tampouco devem muito aos especialistas a serviço dos poderes. E é, aliás, o maior sucesso dos movimentos pedagógicos ter permitido a milhares de docentes refletir sobre sua função na sociedade, sobre as formas pedagógicas que implementavam e sobre as finalidades desejáveis do ensino.

A participação ativa dos professores no autogoverno do comum evitaria qualquer indiferença em relação ao interesse geral do estabelecimento, e daria ao *ethos* universalista do corpo docente uma consistência institucional concreta da qual nunca se beneficiou. O fenômeno massivo de "retirada" e desinteresse pela coisa coletiva é típico das lógicas centralizadas. Hoje, o efeito de expropriação induzido pela estrutura burocrática é patente e repercute na forma como o docente concebe sua função. Excluído da deliberação e da decisão democrática na sua própria profissão, remetido ao seu trabalho especializado, às suas classes e/ou à sua disciplina particular, o docente perde de vista as dimensões mais vastas e gerais da sua função, o quadro institucional, os contextos sociológicos, e as finalidades culturais e políticas. Como ser um "formador de cidadãos" se não se é um membro ativo do seu estabelecimento (como de sua disciplina acadêmica, aliás), mas um subordinado dependente de um chefe e submetido às diretrizes hierárquicas? Essa contradição manifesta cruamente que a escola burocraticamente organizada *não é feita* para formar cidadãos livres e potencialmente críticos. A única solução não está na enésima pregação de retórica "republicana", está na prática de assembleia, qual seja a prática de reunião deliberativa e decisória.

Há muita demagogia nesses discursos que gostariam que o colégio fosse para os colegiais, o liceu para os liceais e a universidade para os estudantes. É precisamente essa lógica de apropriação que o comum rejeita. Por outro lado, o comum, ao instituir a coparticipação no autogoverno e ao obrigar cada aluno e estudante a fazê-lo, favorece sobremaneira o seu engajamento efetivo, sem o qual não se pode falar de democracia. O que não seria sem repercussões no investimento na aquisição de saberes. O "sucesso escolar" não dependeria somente dos "interesses" e das "motivações" de cada aluno tomado individualmente, mas da relação coletiva em relação a uma instituição que cessaria de ser tão heterônoma como é hoje para começar a ser dotada de um valor coletivo.

Mas talvez um dos maiores efeitos que se pode esperar concirna às famílias de alunos e estudantes. Um dos fatores mais importantes das desigualdades escolares é o afastamento cultural, social e, por vezes, geográfico das famílias, especialmente das famílias mais afastadas da cultura escolar, as mais pobres, muitas vezes de origem estrangeira. Em vez de acusar os "pais demissionários", não devemos esquecer que na França, em 2020, uma em cada cinco crianças vive abaixo da linha de pobreza. Em alguns bairros populares e áreas rurais, por vezes até 40% das crianças vivem em condições de vida muito difíceis em famílias precarizadas e mal alojadas. Que não seja fácil, quando se está nessa situação, responder à obrigação que é feita de coparticipar, é evidente, mas o contato regular entre as famílias e os profissionais de ensino é uma condição para que estas famílias disponham de mais meios para ajudar seus filhos em seu trabalho escolar.

Repensar o espaço e o tempo da escola

Essa reinstituição democrática concerne a todos os domínios da vida escolar. Muito frequentemente, a reflexão sobre a escola esquece os aspectos materiais que determinam as atividades que ali acontecem. Conhecemos a reflexão de Ludwig Feuerbach, à qual Engels deu muita importância: "Pensa-se em um palácio diferentemente de como se pensa em uma cabana" (Engels, 1976 [1888]). Da mesma forma, poder-se-ia manter que se ensina em um estabelecimento de relegação social e étnica diferentemente de como se ensina em um liceu experimental, internacional e de "alta qualidade ambiental". Essas considerações de "materialismo democrático" dizem respeito particularmente ao espaço e ao tempo escolares, cuja organização atual depende de uma rotina e de um mecanismo sobre o qual os atores não têm nenhum controle. A natureza das políticas escolares muitas vezes pode ser lida no espelho da arquitetura. Durante décadas, o Estado deixou sua marca na pedra dos prédios escolares, desde as escolas comunais até os liceus para as elites burguesas. O nascimento da escola da Terceira República foi acompanhado da construção em cada aldeia de uma escola primária típica utilizando-se técnicas de construção e materiais locais: uma câmara municipal com alojamento dos mestres no andar de cima, flanqueada de um lado pela escola de meninas e do outro pela escola de meninos. Em meados do século XX, a construção em série de colégios em um modelo industrial de má qualidade garantiu a expansão escolar dos "Trinta Gloriosos". Seja inspirada no racionalismo positivista da Terceira República ou no funcionalismo apressado da IV e da V Repúblicas, a solução escolhida respondia a imperativos ideológicos, disciplinares, culturais ou econômicos bem distantes de uma exigência de participação popular. Nenhum pensamento democrático presidiu à distribuição de espaços funcionalmente especializados: sala de aula ou refeitório, CDI [Centro de Documentação e Informação] e "sala dos professores", pátio e corredores. Como imaginar uma transformação do espaço escolar que permitisse uma vida democrática? O "direito à escola", em seus aspectos espaciais, pode inspirar-se na reflexão de Henri Lefebvre sobre o "direito à cidade", que ele definia como o "direito à liberdade, à individualização na socialização, ao habitat e a habitá-lo" (Lefebvre, 1972, p. 149). A mesma abordagem democrática consistiria em fazer valer o direito de uso do espaço escolar pelos próprios usuários, docentes, alunos e estudantes. As consequências sobre a organização dos estabelecimentos, sobretudo com a criação de locais de reunião e discussão entre alunos, entre professores, e entre alunos e professores, poderiam ser consideráveis para a democracia escolar. Esta reorganização deveria abranger também as salas de aula, bem como o mobiliário escolar, que deveria ser repensado para permitir o desenvolvimento da cooperação pedagógica.

O que vale para os espaços vale igualmente para os tempos escolares. Seu caráter imposto é uma fonte essencial de alienação e privação de si, tanto na experiência de professores como na de alunos. Muita atenção tem sido dada aos "ritmos escolares", mas sem ir ao fundo da reflexão[81]. Não se trata apenas de os alunos terem horas demais de aula, trata-se de esse tempo lhes escapar, assim como a seus professores. Longe de ser um tempo de aprendizagem, o que pressupõe uma certa autonomia na progressão, o tempo burocrático e uniforme constitui um poderoso instrumento de padronização do ensino. Essa gestão burocrática diz respeito ao emprego do tempo quotidiano e hebdomadário, mas também ao decorrer do ano letivo, e articula de forma muitas vezes incoerente as

---

81. A reforma dos "ritmos escolares" no ensino primário conduzida a partir de 2012 mostra o quanto os desafios do tempo escolar têm graves consequências. Inicialmente invocada para otimizar os tempos de aprendizagem e melhor alinhar o dia e a semana do aluno com as conclusões das ciências da educação e da psicologia infantil, ela resultou num desengajamento educacional com efeitos inigualitários.

aprendizagens, as avaliações e os prazos que as sancionam (conselhos de classe, procedimentos de orientação). Para além da irracionalidade dessa articulação, que nunca se vê melhor do que nos momentos de superprodução de deveres de casa e provas "para ter notas", a função do tempo escolar imposto está ligada à vigilância: norma centralizada, ela permite controlar o trabalho docente, atrelando-o ao "programa" e à avaliação quantificada. Sujeitos à constante ansiedade de "concluir o programa", os docentes e os alunos são submetidos ao longo do ano letivo a essa camisa de força organizacional do tão apropriadamente chamado "controle contínuo", que deforma profundamente a abordagem educacional ao reduzir a formação a uma produção racionalizada de resultados quantificáveis. Recolocar o ensino no centro da vida escolar deveria passar por uma eliminação da mecânica "produtivista" do programa e da avaliação. Não se trata, obviamente, de abolir todos os exames nacionais e todos os exercícios comuns, e de acreditar em uma liberação total de todas as restrições temporais. Trata-se de fazer do tempo escolar um objeto de reflexão e deliberação cujo resultado envolveria aqueles que dele participaram.

Comum educacional local e federação das instituições de saber

O governo do comum não pode se limitar a uma espécie de gestão tripartite, como se o estabelecimento fosse uma ilha sem relação com um território situado e uma população local, e como se esse território situado e essa população local não estivessem eles próprios incluídos em um conjunto territorial e social mais vasto. O perigo inerente à fórmula "autogestionária" é constituir o estabelecimento como um conjunto fechado e desvinculado de um ambiente que deveria provê-lo de recursos e do qual ele faz parte. É necessário, portanto, pensar o estabelecimento não como a "copropriedade" particular de professores, alunos e pais, mas como um comum específico situado em um determinado lugar, em um território situado que tem suas características próprias, tal como devem sê-lo os serviços de saúde, os serviços de água e de eletricidade, os transportes escolares e os serviços postais e bancários. Em outros termos, o comum educacional, do qual os profissionais e os usuários são os guardiões, deve estar ligado ao autogoverno territorial encarregado do bem-estar e do bem-viver da população, finalidades que evidentemente compreendem a educação. É o que Joan Subirats, o teórico do "governo do próximo" na Espanha destaca: "A escola, com o conjunto dos atores que participam do processo educacional, deve encontrar no ambiente imediato e comunitário, na cidade, por exemplo, o quadro essencial no qual deve desenvolver seu trabalho, projetar todo o seu poder educacional e beneficiar-se do potencial que lhe oferece, ao mesmo tempo que torna o conjunto desses atores corresponsáveis pelos problemas comuns, assim como pelas soluções possíveis" (cf. Subirats, 2005, p. 193-194; e Subirats, 2002). Se a educação é uma dimensão de um território autogovernado, o quadro local também deve ser pensado em suas dimensões educadoras. Esse era o sentido da ideia antiga segundo a qual mesmo os muros da cidade devem educar as novas gerações. Encontramos essa ideia, em formulações mais modernas, na Carta das Cidades Educadoras (1990), pela qual as cidades signatárias se comprometem a criar um ambiente cultural, associativo e esportivo que permita a todos se formarem, qualquer que seja a idade das pessoas[82].

Se cada estabelecimento não pode ficar à margem das políticas locais, é preciso pensar na articulação do autogoverno educacional e do autogoverno local. O "municipalismo" ou o "comunalismo", que são apresentados hoje como possíveis modelos de mudança democrática, são tanto problemas quanto soluções. Será que não corremos o risco de trocar um poder central distante por um poder local de assembleias comunais que anularia toda autonomia da instituição escolar e universitária? A dificuldade consiste em considerar aqui a inclusão do estabelecimento em duas arquiteturas diferentes. Por um lado, ele é instituído como um comum regido por suas próprias instituições de governo, ao mesmo tempo em que é um componente de uma arquitetura institucional mais vasta, que denominamos Universidade Democrática. Por outro lado, o estabelecimento situado em um território é um comum local que presta serviços educacionais destinados à população local. O projeto de governo democrático da escola só pode, de fato, ser concebido se os poderes na sociedade forem repartidos de maneira completamente diferente de como são repartidos nos Estados-nação hipercentralizados de hoje[83]. O autogoverno local de tipo

---

82. Certas fórmulas, no entanto, sugerem que os representantes das cidades signatárias deram pouca atenção às especificidades da educação formal e sua necessária autonomia relativa, principalmente quando se utiliza o léxico da "fusão": "Deve produzir-se uma verdadeira fusão na etapa educativa formal e na vida adulta, dos recursos e do poder formativo da cidade com o desenvolvimento ordinário do sistema educacional, profissional e social" (cf. "Charte des villes éducatrices", em https://www. edcities.org).

83. A "descentralização" está longe de ser em si uma garantia de democracia. Uma certa lógica de feudo, o poder dos "especialistas" locais,

comunal é a base e a regra de uma sociedade regida por uma democracia efetiva. Mas este tipo de funcionamento descentralizado só pode ser concebido dentro de um quadro político de conjunto que, ao deixar maior poder às diferentes escalas territoriais (comunas, distritos, biorregiões etc.), as federa em unidades políticas maiores. Estas últimas teriam a responsabilidade de definir o quadro normativo geral que regula as trocas entre as unidades locais e assegurar a igualdade entre territórios. A vitalidade democrática seria assim preservada, sem, contudo, impedir uma certa centralização legislativa e política nos limites de sua necessidade. Até onde deveria ir essa atividade normativa sem correr o risco de reconstituir a administração burocrática vertical? Marx havia vislumbrado o problema e, como vimos, respondia a ele baseando-se no exemplo do sistema altamente descentralizado da escola americana. Ele pensava que uma fiscalização inspetorial dos estabelecimentos seria suficiente para garantir o respeito ao direito universal à educação. Podemos ser mais precisos na arquitetura. A primazia da instituição política em uma democracia leva a conferir à federação de comunas um papel predominante na definição geral da política educativa e na definição do quadro jurídico geral. Ela também seria responsável pelos financiamentos, tendo por princípio a igualização das condições de ensino entre os estabelecimentos. A vigilância mais escrupulosa do respeito às finalidades, aos princípios e aos valores da educação por parte das instituições de saber seria também da competência da federação política das comunas.

---

por vezes a pressão dos pais mais "consumidores" e dos empregadores são fatores que impedem a vida democrática nos estabelecimentos.

Essas instituições territoriais não poderiam exercer as suas responsabilidades em matéria educativa independentemente das instituições de saber que, em diferentes escalas, fariam valer as suas necessidades e os seus próprios arranjos, e assegurariam o maior respeito pela autonomia do trabalho científico e da educação, assim como pelas condições de acesso de todos aos saberes. Falamos da importância da Universidade Democrática para a autonomia e a formação dos docentes. Ela assegura a igualdade entre os estabelecimentos, avalia os recursos humanos e materiais, coordena os níveis de ensino, determina os conteúdos dos programas e os formatos dos exames segundo um método muito mais democrático do que a atual centralização administrativa. Mais fundamentalmente ainda, caberia a ela garantir a implementação dos grandes princípios da democracia educacional fixados pelas instâncias políticas.

Concedemos de bom grado que essa hipótese de uma organização democrática, da qual formulamos aqui algumas das linhas gerais, ainda é muito difícil de imaginar, sobretudo em um período tão regressivo para a democracia quanto o que vivemos hoje. Mas será que se trata de um sonho totalmente irrealizável, uma projeção meio doida? A luta pelo *futuro comum* das instituições de saber entra em profunda ressonância com numerosas lutas que visam hoje, e em todo o mundo, à reapropriação dos "bens comuns" (saúde, água, terra, cidades, recursos naturais, clima etc.), ao controle dos poderes locais e de todas as instituições pelos cidadãos, à igualdade real entre todas e todos, e ao envolvimento da sociedade na proteção do ambiente. Os educadores democráticos não estão tão isolados quanto poderiam imaginar. As lutas se cruzam e se reforçam mutuamente, tornam-se transversais à medida que os atores se conscientizam de que existe um combate geral por esse futuro comum das sociedades e das instituições. Nesse grande combate mundial pela instituição dos bens comuns, a educação não está à margem, ela está no centro. Por que no centro? Porque a experiência concreta da democracia nas instituições educativas é uma das condições para que se expanda e se desenvolva na sociedade uma cultura democrática e ecológica indispensável nos anos e décadas vindouros.

Quais instituições novas criar, quais práticas alternativas desenvolver a partir de hoje? Será que podem provir do interior, será que elas devem permanecer no exterior, será que podem insinuar-se nos interstícios do sistema educacional? Como ligar as experimentações de fora, notadamente na educação popular, e as mudanças parciais de dentro? Como passar das pedagogias da cooperação na classe às práticas democráticas no estabelecimento, como fazer com que as grandes mobilizações pela defesa e a promoção de um acesso universal e gratuito aos saberes, como os temos conhecido nesses últimos anos em tantas regiões do mundo, desemboquem em criações duráveis nas instituições de saber? Os autores deste livro não são os ilusórios depositários dos meios para se alcançar esses objetivos. As práticas coletivas decidirão, as pesquisas que as tornarão conhecidas terão um papel decisivo. As associações, os coletivos militantes e os sindicatos serão, se ela algum dia acontecer, os atores e apoiadores dessa educação democrática. Que ela não seja para amanhã de manhã não é uma razão para não começar a construí-la desde agora.

Conclusão
O desejo de saber e a experiência do comum

Os cinco princípios da educação democrática não são receitas, mas orientações de reflexão, ação e criação. Eles visam um além dos tempos particularmente sombrios para a democracia que vivemos. Nós sabemos onde estão a escola e a universidade hoje, e por que estão aí. A anomia ganha, e com ela a desmoralização, e por vezes o desengajamento. Subestima-se o sofrimento dos professores quando praticamente já não encontram a quem falar e com quem agir. Esquece-se demasiado que o ensino põe à prova a pessoa do professor, que às vezes o expõe à violência física e, mais frequentemente ainda, à violência psicológica. Tudo foi feito para quebrar os quadros profissionais comuns, e a atual dessindicalização do meio arrisca tirar os últimos apoios que os professores encontravam no coletivo. Nada é mais grave para o futuro da educação do que esse enfraquecimento da capacidade de pensar e agir em conjunto. Freinet sofrera o isolamento em sua escola, e foi com conhecimento de causa que ele dirigiu aos membros de seu movimento esta advertência: "Não fiquem sozinhos". A recomendação nunca foi tão atual. A invenção de uma outra escola começa pela multiplicação dos comuns profissionais e dos comuns sindicais[84].

É, portanto, em um terreno frequentemente hostil, e em condições por vezes extremamente difíceis, que o professor exerce a sua profissão. Quaisquer que sejam as condições, favoráveis ou não, o professor na sua prática mesma atua em um campo de múltiplas tensões, confrontado como é com antinomias que refletem e exacerbam doutrinas e ideologias pedagógicas por vezes violentamente hostis: entre liberdade e autoridade, desenvolvimento da criança e lógica dos saberes, formação geral e formações especializadas, finalidade econômica e finalidade sociopolítica etc. Se postulamos que a finalidade democrática devia guiar as dimensões fundamentais da educação, isso certamente não quer dizer que as práticas concretas poderiam ser milagrosamente livres dessas tensões. Dar um forte significado político ao que se faz ainda constitui a melhor maneira de evitar ser desmoralizado pela dificuldade de simplesmente fazer o seu trabalho, sobretudo quando a condição econômica e o lugar simbólico dos professores e pesquisadores foram tão rebaixados em um grande número de países, inclusive a França. O exercício tentado neste livro seria impossível se não aceitássemos imaginar o possível além do que a realidade nos impõe. As práticas democráticas que permitem agora mudar a escola só são aliás concebíveis no horizonte dessa "outra escola" possível.

---

84. Não desenvolvemos nesta obra uma das condições dessa transformação, que é a renovação da ação coletiva e a refundação do sindicalismo no meio docente. Fizemos isso em nosso trabalho coletivo acolhido pelo Instituto de Pesquisa da FSU (Barnier *et al.*, 2016; Laval *et al.*, 2019; Vergne, 2021).

Um desejo compartilhado de saber

O que pode sustentar o docente em seu desejo de uma alternativa democrática, senão esse desejo de saber? Por quais fontes o amor do saber pode conduzir alunos que não estavam predispostos a ele por seu meio ou sua família? Aqui, a responsabilidade de cada docente está envolvida, e sua legitimidade está em jogo. Diz-se com razão que os docentes, por função, sabem mais do que os alunos e os estudantes, e que nessa diferença reside a fonte de sua autoridade e o respeito que eles devem inspirar. Se isso fosse suficiente, as coisas seriam menos difíceis para muitos docentes. Mas é preciso, como demonstramos, que as condições para tanto estejam reunidas, por exemplo, um número reduzido de alunos por classe e uma maior diversidade social dos estabelecimentos. Mas também há condições subjetivas que dizem respeito ao desejo de tornar o saber um bem comum acessível a todos, e ao esforço de salvaguardar todas as vias possíveis entre o que os alunos sabem e os saberes que precisam adquirir, inclusive contra prescrições ou programas manifestamente inadequados. Não afligir as mentes das crianças e dos jovens com tédio e adestramento, quando nada pode haver de mais emocionante do que o que se ensina e se aprende, eis o que concerne a tal disposição subjetiva. Mas essa erotização do saber se depara com os gigantescos esforços burocráticos para padronizar métodos e conteúdo, para normalizar a avaliação que os especialistas e engenheiros da educação empregam em toda parte e em todos os níveis de ensino. A última inovação "neuropedagógica" não é a menos perigosa. Ela tende a reter do "cérebro-computador" apenas zonas de ativação nas quais se buscaria em vão, por não ser o que aí se encontra, a relação desejante dos sujeitos com o saber pela mediação do docente e do grupo da classe. Soma-se a essa objetificação das crianças e dos adolescentes os maus-tratos gerenciais sofridos pelos docentes, além de seu rebaixamento social e empobrecimento econômico. Como podem eles *ainda* transmitir algo do desejo que os trouxe para a classe, como *ainda* conseguem fazê-lo, quando a racionalização burocrática pretende transformá-los em técnicos obedientes?

Não se pense que, ao falarmos de subjetividades, estamos deixando o campo político: ainda estamos nele, e talvez mais do que acreditamos. A suposta gestão apolítica sabe bem disso, ela que busca "mudar as mentalidades" dos professores submetendo-os a essa "governança pelos números", tão bem identificada por Alain Supiot (cf. Supiot, 2015). Porque o desafio não é apenas subordiná-los, nos pormenores do seu trabalho, a uma hierarquia de proximidade, ela mesma muito dependente da maquinaria burocrática, mas levá-los a comportarem-se como sinistras engrenagens de uma mecânica de transmissão de imperativos econômicos. É rebaixando o valor de sua função, negando sua profissão, degradando o conhecimento em meros dados de informação e em suportes de comunicação comercial que o poder burocrático procurou recrutar a massa de professores na escola-empresa moderna, e isso sob o pretexto da "igualdade de oportunidades", da "equidade" ou da "individualização". E para que os professores a considerem uma política virtuosa, essa transformação gerencial da escola foi revestida de uma retórica pseudo-democrática, uma forma enganosa de mascarar a mudança de finalidade e função que queríamos impor à educação. Mais grave ainda, a dimensão democrática e cooperativa de algumas das novas pedagogias foi revertida em seus objetivos por uma reinterpretação empresarial e tecnicista da chamada pedagogia nova. Essa "aliança" da renovação pedagógica e do espírito do capitalismo tem custado caro, principalmente pela marginalização de uma problemática verdadeiramente democrática das práticas escolares.

Com efeito, há dois tipos de inimigos da educação democrática, os antigos e os modernos. Conhecemos de cor todos os velhos adversários da liberdade de pensamento e de ação, os fiéis amigos da hierarquia social, os adoradores do mundo desigual, os adeptos dos dogmas religiosos, os partidários do autoritarismo e do adestramento disciplinar da juventude. A estes se juntaram novos inimigos, que se dizem modernos. E eles não são menos perigosos para a liberdade de pensamento e a capacidade de agir, embora sua linguagem pretenda ser mais sedutora. A digitalização, a inteligência artificial e a conectividade são os remédios universais. Acontece que esses dois grupos inimigos da educação democrática, os arcaicos e os modernos, aliam-se. Este é o caso nos países onde uma forma particularmente autoritária e brutal de neoliberalismo se impôs nos últimos anos, notadamente no Brasil, na Hungria ou na Turquia. Este novo pacto obscurantista pode estender-se. Os sinais multiplicam-se até na França.

A experiência do comum educacional

Seria preciso ir por um caminho completamente diferente, fazendo a *experiência do comum* na educação, em todos os níveis, em todas as suas dimensões. A educação democrática só é plenamente concebível em outra sociedade. Ela só se torna pensável a partir do momento em que "os de baixo", ou seja, o maior número, podem escolher seu destino tornando a sociedade mais agradável e a Terra ainda habitável, não para colocar esse futuro desejável nas mãos de pessoas mais poderosas do que eles, mas determinando-o eles próprios nos órgãos soberanos ao seu alcance, no lugar onde vivem e no lugar onde trabalham.

Aqui nos deparamos com uma grande dificuldade: como os poderes estabelecidos de hoje aceitariam de bom grado uma educação guiada por um objetivo tão radical que os põem em causa? Pode-se então mensurar o desafio histórico e a responsabilidade dos educadores quando defendem o acesso da escola a todos, uma pedagogia cooperativa e uma cultura comum de bom nível: lutar por uma educação democrática é querer a soberania popular que é seu horizonte. O educador democrático, se for coerente consigo mesmo, é obrigado a questionar a relação de sua ação pedagógica com o progresso da sociedade. Não pode se fazer de avestruz, ele está engajado, quer queira quer não queira. Quando se pergunta de que cidadão o mundo precisará para que ainda seja suportável e habitável amanhã, ele é forçado a se perguntar que tipo de educação política deve ser implementada hoje. E ele se dá conta de que os pequenos arranjos e os ajustes no quadro antigo não serão suficientes, que é necessária uma autêntica refundação, uma verdadeira revolução. Essa consciência da necessária revolução escolar não o afasta da sala de aula ou do anfiteatro. A esperança em um outro mundo possível é a condição para que o docente seja ouvido pelos jovens que terão que operar o que se chama demasiado pudicamente de "transição ecológica", e que é na realidade uma mutação radical nas maneiras de produzir e viver, de uma dimensão que é difícil de imaginar. O educador democrático não deve simplesmente estar "em sintonia" com as necessidades urgentes do seu tempo, ele deve, sobretudo, ser um portador de esperança. Se queremos evitar as regressões religiosas dogmáticas, como as derrisórias ilusões da superação transumanista ou a conquista do planeta Marte, a educação democrática deve oferecer às novas gerações um horizonte político, social e ecológico mais feliz do que a representação de pesadelo de uma série de catástrofes de que a experiência da pandemia de covid-19 deu uma primeira ideia. Mas essa esperança não pode mais passar, como nos tempos do racionalismo esclarecido, do positivismo e do marxismo dogmático, pela fé bastante ingênua no progresso da ciência, o que equivalia a entregar aos acadêmicos, aos professores e aos "intelectuais" a tarefa de traçar o caminho para a felicidade. A alternativa não está na tecnociência, ela está na democracia real, na própria sociedade se encarregando do seu futuro, para o qual o conhecimento deve contribuir na medida em que atende às necessidades de saber dessa sociedade.

Robert Musil observava que, "se há um sentido do real, e ninguém duvidará que ele tenha o direito de existir, deve haver algo que se poderia chamar de sentido do possível. O homem que é dotado dele, por exemplo, não dirá: aqui aconteceu, vai acontecer tal coisa; mas ele imaginará: aqui poderia, deveria acontecer tal coisa; e quando lhe dizem que uma coisa é como é, ele pensa que ela poderia igualmente ser diferente". E Musil elogiava "a utopia consciente que, longe de recear a realidade, a trata simplesmente como uma tarefa e uma invenção perpétua" (Musil, 1982, vol. I, p. 17). Foi isso o que quisemos experimentar aqui. Não se trata, à maneira das velhas utopias, de projetar em um futuro imaginário uma educação perfeita, mas de se dar a chance de ampliar em maior escala aspirações, lutas, práticas que abrem para uma nova forma educativa. Como André Gorz nos convidou, "devemos aprender a discernir as oportunidades não realizadas que estão adormecidas nos recessos do presente" (Gorz, 1997, p. 11). Erik Olin Wright falava de "utopias reais" (Wright, 2020). Trata-se, com efeito, de fazer a experiência real e concreta de novos princípios e de verificar coletivamente se as consequências são boas. Nesse sentido, nossa obra pretende ser um apelo a um novo *experimentalismo educacional* na perspectiva da revolução democrática e dentro dos limites do possível. É hora de entender que o sentido do real hoje se juntou ao sentido do possível. Este último é o único verdadeiramente realista quando o próprio real impõe uma mudança radical nas maneiras de viver, agir e educar.

Referências

AEERS (1969). *Pour une école nouvelle. Formation des maîtres et recherche en éducation. Actes du colloque d'Amiens.* Paris: Dunod.

Anderson, B. (2006). *L'Imaginaire national. Réflexions sur l'origine et l'essor du nationalisme.* Paris: La Découverte/ Poche.

Arendt, H. (2012a). "La crise de l'éducation", *in La Crise de la culture, in L'Humaine Condition.* Paris: Gallimard, coll. "Quarto".

Arendt, H. (2012b). "Qu'est-ce que l'autorité?", *in La Crise de la culture, in L'Humaine Condition.* Paris: Gallimard, coll. "Quarto".

Bachelard, G. (1986). *Le Rationalisme appliqué.* Paris: PUF.

Bachelard, G. (1993). *La Formation de l'esprit scientifique.* Paris: Librairie philosophique Vrin.

Bachelard, G. (1995). *La Psychanalyse du feu.* Paris: Gallimard.

Baillargeon, N. (2005). Éducation et liberté, tome I. Montréal: Lux éditeur.

Barnier, L., Canu, J., & Vergne, F. (2014). *La Fabrique de l'employabilité. Quelle alternative à la formation professionnelle néolibérale?* Paris: Syllepse.

Barnier, L., Canu, J., Laval, C., & Vergne, F. (2016). *Demain le syndicalisme. Repenser l'action collective à l'époque du néolibéralisme.* Paris: Syllepse.

Baschet, J. (2017). *Défaire la tyrannie du présent. Temporalités* émergentes et futurs inédits. Paris: La Découverte.

Beaud, S. (2003). *80 % au bac... et après? Les enfants de la démocratisation scolaire*. Paris: La Découverte/Poche.

Beaumont, B. (2013). "Des actes de violence fortement concentrés sur une minorité d'établissements", *Notes d'information*, ministère de l'Éducation nationale, n. 32, dez. 2013.

Belenky, M.F.; Clinchy, B.M.; Goldberger, N.R., & Tarule, J. M. (1986). *Women's Ways of Knowing. The Development of Self, Voice, and Mind*. New York: Basic Books.

Ben Ayed, C. (2009). *Le Nouvel Ordre* éducatif *local. Mixité, disparités, luttes locales*. Paris: PUF.

Bénévent, R., & Mouchet, C. (2014). *L'École, le désir et la loi. Fernand Oury et la pédagogie institutionnelle*. Paris: Champ social.

Bentolila, A. (dir.) (2004). *Le Goût d'apprendre*. Paris: Nathan.

Bernard, R., Closquinet, J.-P., & Morice, F. (2007). *Chronique ordinaire d'un lycée différent*. Paris: Éditions L'Harmattan.

Bernstein, B. (2007 [1975]). "Classe et pédagogies: visibles et invisibles", in Études sur les sciences d'apprentissage, 2, Centre pour la recherche et l'innovation, OCDE, 1975, reproduzido em Deauvieau, J., & Terrail, J.-P. (apresentação e escolha de textos.) (2007). *Les Sociologues, l'école et la transmission des savoirs*. Paris: La Dispute.

Bihr, A., & Pfefferkorn, R. (2008). *Le Système des inégalités*. Paris: La Découverte, coll. "Repères".

Blais, M.-C.; Gauchet, M., & Ottavi, D. (2008). *Conditions de l'éducation*. Paris: Stock.

Blanquer, J.-M., & Morin, E. (2020). *Quelle école voulons--nous? La passion du savoir*. Paris: Odile Jacob/Sciences humaines Éditions.

Blay, M., & Laval, C. (2019). *Neuropédagogie. Le cerveau au centre de l'école*. Paris: Tschann & Cie.

Bonnery, S. (2007). *Comprendre l'échec scolaire. Élèves en difficultés et dispositifs pédagogiques*. Paris: La Dispute.

Bonneuil, C., Fressoz, J.-B. (2013). *L'Événement anthropocène. La Terre, l'histoire et nous*. Paris: Seuil.

Boucheron, P. (dir.) (2017). *Histoire mondiale de la France.* Paris: Seuil.

Bouglé, C. (1925). *Les Idées égalitaires. Étude sociologique.* Paris: Librairie Félix Alcan.

Bourdieu, P. (1978). "Classement, déclassement, reclassement", *Actes de la recherche en sciences sociales*, n. 24.

Bourdieu, P. (1985, 27 mar.). *Propositions pour l'enseignement de l'avenir. Rapport remis au Président de la République par le Collège de France.*

Bourdieu, P. (2007 [1967]). "Système d'enseignement et système de pensée". *Revue internationale des sciences sociales*, vol. 17, n. 3, 1967, reproduzido em Deauvieau, J., & Terrail, J.-P. (apresentação e escolha de textos.) (2007). *Les Sociologues, l'école et la transmission des savoirs.* Paris: La Dispute.

Bourdieu, P, & Passeron, J.-C. (1964). *Les Héritiers.* Paris: Éditions de Minuit.

Bourg, D., & Whiteside, K. (2010). *Vers une démocratie écologique. Le citoyen, le savant et le politique.* Paris: Seuil, coll. "La République des idées".

Bourgarel, A. (1994). "École et familles du Quart Monde", Revue Quart Monde, n. 152.

Bozec, G. (2016). Éducation à la citoyenneté à l'école. Politiques, pratiques scolaires et effets sur les élèves. Paris: Cnesco. Disponível em http://www.cnesco.fr/wp-content/uploads/2016/09/Rapport_education_citoyennete.pdf

Braz, A. (2011). *Bourdieu et la démocratisation de l'éducation.* Paris: PUF.

Calabuig, B., & Tovar, J. (2011). *Faites chauffer l'école. Principes pour une révolution scolaire.* Paris: Syllepse.

Castoriadis, C. (1988a). "La révolution anticipée", *in* Morin, E., Lefort, C., & Castoriadis, C. (1988). *Mai 68. La Brèche*, suivi de *Vingt Ans après*, Bruxelles: Éditions Complexe.

Castoriadis, C. (1988b). "Les mouvements des années soixante", *in* Morin, E., Lefort, C., & Castoriadis, C. (1988). *Mai 68. La Brèche*, suivi de *Vingt Ans après*, Bruxelles: Éditions Complexe.

Castoriadis, C. (1990a). "Pouvoir, politique, autonomie", *in* Castoriadis, C. (1990). *Le Monde morcelé. Les Carrefours du labyrinthe*, III. Paris: Seuil.

Castoriadis, C. (1990b). "Psychanalyse et politique", *in* Castoriadis, C. (1990). *Le Monde morcelé. Les Carrefours du labyrinthe*, III. Paris: Seuil.

Castoriadis, C. (2002). *Sujet et vérité dans le monde social--historique.* Séminaires 1986-1987. La Création humaine, I. Paris: Seuil.

Castoriadis, C. (2005). "Ce qu'est une révolution", *in Une société à la dérive. Entretiens et débats* (1974-1997). Paris: Seuil.

Chambat, G. (2011). *Pédagogie et révolution.* Paris: Éditions Libertalia.

Chambat, G. (2014). *L'École des barricades.* Montreuil: Éditions Libertalia.

Chanial, P. (2006). "Une foi commune: démocratie, don et éducation", Revue du Mauss, 2006/2, n. 28.

Charbonnier, P. (2020). *Abondance et liberté. Une histoire environnementale des idées politiques.* Paris: La Découverte.

Charle, C., & Verger, J. (2012). *Histoire des universités, xii--xxie siècle.* Paris: PUF.

Charlot, B. (1976). *La Mystification pédagogique.* Paris: Payot.

Charlot, B. (2001). "Une éducation démocratique pour un monde solidaire, une éducation solidaire pour un monde démocratique". Nouveaux Regards, n. 16, inverno de 2001-2002.

Charlot, B., Bautier, É., & Rochex, J.-Y. (1992). École et savoir dans les banlieues et ailleurs. Paris: Armand Colin.

Charlot, B., Bautier, É., & Rochex, J.-Y. (1996). École et savoir. Dans les banlieues… et ailleurs. Paris: Armand Colin.

Chevrel, A. (1998). *La Culture scolaire.* Paris: Belin.

Condorcet. (1994). *Cinq Mémoires sur l'Instruction publique.* Paris: Garnier-Flammarion.

d'Enfert, R., & Kahn, P. (dir.) (2011). *Le Temps des réformes. Disciplines scolaires et politiques éducatives sous la Ve République. Les années 1960*. Grenoble: PUG.

Dardot, P., & Laval, C. (2014). *Commun. Essai sur la révolution au xxie siècle*. Paris: La Découverte/Poche.

Dardot, P., & Laval, C. (2020). *Dominer. Enquête sur la souveraineté de l'État en Occident*. Paris: La Découverte.

De Cock, L. (2018). *Sur l'enseignement de l'histoire*. Montreuil: Éditions Libertalia.

De Cock, L., Larrère, M., & Mazeau, G. (2019). *L'Histoire comme émancipation*. Marseille: Agone.

Debeir, J.-C.; Deléage, J.-P., & Hémery, D. (1992). *Les Servitudes de la puissance. Une histoire de l'énergie*. Paris: Flammarion.

Derrida, J. (1990). *Du droit à la philosophie*. Paris: Galilée.

Derrida, J. (1993). *Passions*. Paris: Galilée.

Derrida, J. (2001). *L'Université sans condition*. Paris: Galilée.

Descola, P. (2015). *Par-delà nature et culture*. Paris: Gallimard, coll. "Folio Essais".

Descola, P. (2017). *Cultures*. Paris: Éditions Carnets Nord.

Dewey, J. (1926, jan.). "Individuality and experience", *Journal of the Barnes Foundation*, vol. 2, n. 1.

Dewey, J. (2011). *Démocratie et éducation*. Paris: Armand Colin.

Dewey, J. (2018 [1916]). *Démocratie et éducation, suivi de Expérience et* éducation. Paris: Armand Colin.

Dreux, G., Candar, G., & Laval, C. (2018). *Socialisme(s) et éducation au xixe siècle*. Lormont: Le Bord de l'Eau.

Dubet, F. (2020). *L'École peut-elle sauver la démocratie?* Paris: Seuil.

Dubet, F., Duru-Bellat, M., & Vérétout, A. (2010). *Les Sociétés et leur école. Emprise du diplôme et cohésion sociale*. Paris: Seuil.

Dupeyron, J.-F. (2020). À l'école de la Commune. L'histoire d'une autre école. Dijon: Éditions Raison et Passions.

Durkheim, É. (1975). *L'Évolution pédagogique en France*. Paris: PUF.

Durkheim, É. (1985). Éducation et sociologie. Paris: PUF, coll. "Quadrige".

Durkheim, É. (1992). *L'Éducation morale*. Paris: PUF, coll. "Quadrige".

Duru-Bellat, M. (2002). *Les Inégalités sociales à l'école, genèse et mythes*. Paris: PUF.

Duru-Bellat, M. (2008). "La (re)production des rapports sociaux de sexe: quelle place pour l'institution scolaire?". *Travail, genre et sociétés*, n. 19.

Dutschke, R. (1968). Écrits politiques 1967-1968. Paris: Christian Bourgois.

Engels, F. (1976 [1888]). *Ludwig Feuerbach et la fin de la philosophie classique allemande*. Parte III. Paris: Éditions sociales.

Felouzis, G., Liot, F., & Perroton, J. (2005). *L'Apartheid scolaire. Enquête sur la ségrégation ethnique dans les collèges*. Paris: Seuil.

Ferrière, A. (1921). *L'Autonomie des écoliers. L'art de former des citoyens pour la nation et pour l'humanité*. Neuchâtel: Delachaux & Niestlé.

Foucault, M. (1966). *Maladie mentale et psychologie*. Paris: PUF.

Fraser, N. (2012). *Le Féminisme en mouvements*. Paris: La Découverte.

Freinet, C. (1980). *Pour l'école du peuple*. Paris: François Maspero.

Freinet, É. (1974). *Naissance d'une pédagogie populaire (méthodes Freinet)*. Paris: François Maspero.

Freire, P. (1973). *L'Éducation pratique de la liberté*. Paris: Éditions du Cerf.

Freire, P. (1974). *Pédagogie des opprimés, suivi de Conscientisation et Révolution*. Paris: Maspero, coll. "Petite collection Maspero".

Freire, P., & Macedo, D. (1987). *Literacy, Reading the Word & the World.* Londres: Routledge.

Gally, M. (2006). *Le Bûcher des humanités. Le sacrifice des langues anciennes et des lettres est un crime de civilisation!* Paris: Armand Colin.

Garibay, F., & Séguier, M. (coord.) (2009). *Pratiques émancipatrices. Actualités de Paulo Freire.* Paris: Syllepse, coll. "Nouveaux regards".

Garreta, G. (2005). "L'école en révolution. L'application des méthodes deweyennes en Russie soviétique", *in* Jacquet--Francillon, François, & Kambouchner, Denis (dir.). (2005). *La Crise de la culture scolaire: origines, interprétations, perspectives.* Paris: PUF.

Gauchet, M. (1985). "L'école à l'école d'elle-même. Contraintes et contradictions de l'individualisme démocratique ", *Le Débat*, n. 37.

Gauthier, J. (1996). *Les Écoles populaires kanak, une révolution pédagogique?* Paris: L'Harmattan.

Gilligan, C. (1982). *In a Different Voice.* Cambridge, MA: Harvard University Press.

Goody, J. (2015). *Le Vol de l'Histoire. Comment l'Europe a imposé le récit de son passé au reste du monde.* Paris: Gallimard, coll. "Folio".

Gorz, A. (1997). *Misère du présent, richesse du possible.* Paris: Éditions Galilée.

Gramsci, A. (1975) "L'organizzazione della scuola e della cultura", *Gli Intellettuali.* Rome: Ed. Riuniti.

Greph. (1977). *Qui a peur de la philosophie?* Paris: Flammarion, coll. "Champs".

Guilloux, L. (1977). *Le Pain des rêves.* Paris: Gallimard, coll. "Folio".

Hess, C., & Schaepelynck, V. (2013). "Institution, expérimentation, émancipation: autour de la pédagogie institutionnelle", *Tracés*, n. 25, 2013/2 (Éducation: émancipation?), ENS Éditions, Lyon.

Houssaye, J. (1997). "Freinet, la pédagogie et la politique", *in* Lamihi, A. (dir.), Célestin Freinet et l'École moderne. Vauchrétien: Ivan Davy éditeur.

Hunyadi, M. (2014). *La Tyrannie des modes de vie. Sur le paradoxe moral de notre temps.* Lormont: Le Bord de l'Eau.

Jaurès, J. (2012). *De l'éducation* (edição estabelecida por Madeleine Rebérioux, Guy Dreux e Christian Laval). Paris: Points/Seuil.

Jaurès, J. (2012a). "À propos d'un livre", 27 juillet 1913, *in* Jaurès, J. *De l'éducation* (edição estabelecida por Madeleine Rebérioux, Guy Dreux e Christian Laval). Paris: Points/Seuil.

Jaurès, J. (2012b). "Après le congrès d'Angers", *L'Humanité*, 7 de agosto de 1906, *in* Jaurès, J. (2012), *De l'éducation* (edição estabelecida por Madeleine Rebérioux, Guy Dreux e Christian Laval). Paris: Points/Seuil.

Jaurès, J. (2012c). "Éducation post-scolaire", *Revue de l'enseignement primaire et primaire supérieur*, 30 de setembro de 1906, *in* Jaurès, J. *De l'éducation* (edição estabelecida por Madeleine Rebérioux, Guy Dreux e Christian Laval). Paris: Points/Seuil.

Jaurès, J. (2012d). "Homme et ouvrier", *in Revue de l'enseignement primaire et primaire supérieur*, 24 de outubro de 1909, *in* Jaurès, J. *De l'éducation* (edição estabelecida por Madeleine Rebérioux, Guy Dreux e Christian Laval). Paris: Points/Seuil.

Jaurès, J. (2012e). "Les instituteurs et le socialisme", *in Revue de l'enseignement primaire et primaire supérieur*, *in* Jaurès, J. *De l'éducation* (edição estabelecida por Madeleine Rebérioux, Guy Dreux e Christian Laval). Paris: Points/Seuil.

Johsua, S. (2003). *Une autre école est possible.* Paris: Textuel.

Jorgensen, M. (1975). *Un lycée aux lycéens.* Paris: Éditions du Cerf.

Khôi, L. T. (1991). *Marx, Engels et l'éducation.* Paris: PUF.

Lahire, B. (2016). *Pour la sociologie. Et pour en finir avec une prétendue "culture de l'excuse".* Paris: La Découverte.

Lahire, B. (dir.). (2019). *Enfances de classe. De l'inégalité parmi les enfants.* Paris: Seuil.

Langouët, G. (2011). *Les Inégalités entre États et populations de la planète. Trop, c'est trop!* Paris: L'Harmattan.

Langouët, G. (2014). *Les Inégalités dans l'Union européenne et ailleurs. Et si on osait?* Paris: L'Harmattan.

Latour, B. (2015). *Face à Gaïa. Huit conférences sur le nouveau régime climatique.* Paris: La Découverte.

Laugier, S. (2010). "L'éthique du care en trois subversions", *Multitudes*, n. 42.

Laval, C. (2006). "Les deux crises de l'éducation". *Revue du MAUSS*, 2006/2, n. 28, p. 96-115.

Laval, C. (2008). "Imaginer l'école d'une société libre", *in* Artières, Philippe; e Zancarini-Fournel, Michelle (dir.). *68, une histoire collective (1962-1981).* Paris: La Découverte.

Laval, C. (2012). *L'Ambition sociologique.* Paris: Gallimard, coll. "Folio".

Laval, C. (2016). "Le destin de l'institution dans les sciences sociales", *Revue du Mauss*, n. 48, 2016/2.

Laval, C. (2018). "Marx et l'éducation de l'avenir", *in* Dreux, G., Candar, G., & Laval, C. *Socialisme(s) et éducation au xixe siècle.* Lormont: Le Bord de l'Eau.

Laval, C., & Vergne, F. (coord.). (2019). *N'attendons pas la fin du monde. Alternatives et mouvement social.* Paris: Syllepse.

Laval, C., Vergne, F., Clément, P. & Dreux, G. (2012). *La Nouvelle École capitaliste.* Paris: La Découverte/Poche.

Le Blanc, G. (2005). "Culture générale et culture technique", *in* Jacquet-Francillon, F., & Kambouchner, D. (dir.). (2005). *La Crise de la culture scolaire: origines, interprétations, perspectives.* Paris: PUF.

Le Dœuff, M. (1998). *Le Sexe du savoir.* Paris: Aubier.

Lefebvre, H. (1972). *Le Droit à la ville.* Paris: Points-Seuil.

Lehoux, E. (2018). *Payer pour réussir? Le marché du soutien scolaire.* Paris: Syllepse.

Les Compagnons. (2008). *L'Université nouvelle* (edição crítica de Bruno Garnier). Lyon: INRP.

Lourau, R. (1971). *Analyse institutionnelle et pédagogie.* Paris: Éditions EPI.

Malm, A. (2016). *Fossil Capital. The Rise of Steam Power and the Roots of Global Warming.* Londres: Verso.

Malm, A. (2017). *L'Anthropocène contre l'histoire. Le réchauffement climatique à l'ère du capital.* Paris: La Fabrique.

Marro, C., & Vouillot, F. (2004). "Quelques concepts clefs pour penser et former à la mixité", *Carrefours de l'éducation*, n. 17, 2004/1.

Marry, C. (2003). *Les Paradoxes de la mixité filles-garçons à l'école. Perspectives internationales.* Rapport pour le PIREF, ministère de l'Éducation nationale, Paris.

Marx, K., e Engels, F. (1976). *Critique de l'éducation et de l'enseignement.* Paris: Maspero.

Merton, R. K. (1968, 5 jan.). "The Matthew effect in science", *Science*, vol. CLIX, n. 3810.

Merton, R. K. (1973). "The normative structure of science" (1942), *in The Sociology of Science. Theoretical and Empirical Investigations.* Chicago: University of Chicago Press.

Michaud-Quantin, P. (1970). *Universitas. Expressions du mouvement communautaire dans le Moyen Âge latin.* Paris: Vrin.

Michelet, J. (1831). *Introduction à l'histoire universelle.*

Mills, C. W. (2006). *L'Imagination sociologique.* Paris: La Découverte/Poche.

Mills, C. W. (2015). *L'Imagination sociologique.* Paris: La Découverte.

Morin-Messabel, C., & Salle, M. (2013). À l'école des stéréotypes. Comprendre et déconstruire. Paris: L'Harmattan.

Mosconi, N. (2010). "Filles/garçons. Éducation à l'égalité ou transmission de stéréotypes sexistes?", *Profession Banlieue*, n. 4, 2010.

Musil, R. (1982). *L'Homme sans qualités.* Paris: Seuil.

Noddings, N. (2013). *Caring: a Relational Approach to Ethics and Moral Education.* Berkeley: University of California Press.

Noiriel, G. (2005). État, nation et immigration. Vers une histoire du pouvoir. Paris: Gallimard, coll. "Folio".

Nussbaum, M. (2011). *Les Émotions démocratiques. Comment former le citoyen du xxie siècle?* Paris: Climats.

Olivier, A.-P. (2018). "L'éducation à la majorité selon Theodor W. Adorno". Éducation et socialisation, n. 48, 2018.

Oury, F. (2001). "L'année dernière, j'étais mort", *in* Meirieu, P. *Fernand Oury. Y a-t-il une autre loi dans la classe?* Jouac: Éditions PEMF.

Oury, F. (2004). "Institutions: de quoi parlons-nous?" (1980), texto reproduzido em *Institutions. Revue de psychothérapie institutionnelle*, n. 34, mar.

Oury, F., & Pain, J. (1972). *Chronique de l'école-caserne.* Paris: Maspero.

Ozouf, J., & Ozouf, M. (2001). *La République des instituteurs.* Paris: Gallimard/Seuil.

Pain, J. (2015). "Pédagogie institutionnelle et psychothérapie institutionnelle: l'institution au centre du changement", *VST – Vie sociale et traitements*, n. 125(1).

Pair, C. (1998). *L'École devant la grande pauvreté : changer de regard sur le Quart Monde.* Paris: Hachette.

Passerieux, C., & Devin, P. (dir.). (2021). *Apprendre à lire. Une pratique culturelle en classe.* Paris: Éditions de l'Atelier.

Pécaut, F. (1919). "École unique et démocratisation". *Revue pédagogique*, n. 4, abr.

Piaton, G. (1974). *La Pensée pédagogique de Célestin Freinet.* Toulouse: Privat.

Piketty, T., & Valdenaire, M. (2006, mar.). "L'impact de la taille des classes sur la réussite scolaire dans les écoles, collèges et lycées français". *Les Dossiers évaluations et statistiques*, n. 173.

Plenel, E. (1985). *La République inachevée. L'État et l'école en France.* Paris: Payot.

Prost, A. (1997). Éducation, société et politiques: une histoire de l'enseignement en France de 1945 à nos jours. Paris: Seuil.

Queiroz, M. de. (1982). "Le désintérêt scolaire des parentes". *Psychologie scolaire*, n. 39, 1982.

Rancière, J. (2004). *Le Maître ignorant*. Paris: 10/18.

Ravitch, D. (1983). *The Troubled Crusade: American Education, 1945-1980*. New York: Basic Books.

Rochex, J.-Y., & Crinon, J. (dir.). (2012). *La Construction des inégalités scolaires*. Rennes: PUR.

Romian, H. (dir.). (2000). *Pour une culture commune, de la maternelle à l'université*. Paris: Hachette Éducation.

Rosa, H. (2021). *Résonance. Une sociologie de la relation au monde*. Paris: La Découverte/Poche.

Schmid, J. R. (1976). *Le Maître-camarade et la pédagogie libertaire*. Paris: François Maspero.

Serres, M. (2009). *Le Contrat naturel*. Paris: Flammarion.

Serres, M. (2020). *Mes profs de gym m'ont appris à penser*. Paris: Le Cherche-Midi.

Snyders, G. (1986). *La Joie à l'école*. Paris: PUF.

Streeck, W. (2014). *Du temps acheté. La crise sans cesse ajournée du capitalisme démocratique*. Paris: Gallimard, coll. "NRF Essais".

Subirats, J. (2005). "Escuela y municipio. ¿Hacia unas nuevas políticas educativas locales?", *in* Gairín, Joaquin (coord.), *La Descentralización educativa*. Barcelona: Praxis.

Subirats, J. (coord.). (2002). *Gobierno local y educación: la importancia del territorio y la comunidad en el papel de la escuela*. Barcelona: Ariel.

Supiot, A. (2015). *La Gouvernance par les nombres. Cours au Collège de France (2012-2014)*. Paris: Fayard.

Terrail, J.-P. (2008, 29 ago.). "Les voies de la démocratisation scolaire". no site do Observatório das desigualdades, https://www.inega-lites.fr/Les-voies-de-la-democratisation-scolaire.

Terrail, J.-P. (2016). *Pour une école de l'exigence intellectuelle. Changer de paradigme pédagogique*. Paris: La Dispute.

Testard, J. (2015). *L'Humanitude au pouvoir. Comment les citoyens peuvent décider du bien commun.* Paris: Seuil.

Thrupp, M. (1995). "The school mix effect: the history of an enduring problem in educational research, policy and pratice", *British Journal of Sociology of Education*, 1995, vol. 16, n. 2.

Thrupp, M. (1999). *Schools Making a Difference. Let's Be Realistic.* Buckingham: Open University Press.

Tolini, G. (2020). "Célestin Freinet et Paulo Freire : des pédagogies de transformation sociale", *in* De Cock, L., & Pereira, I. (dir.), *Les Pédagogies critiques.* Marseille: Agone/Fondation Copernic.

Valéry, P. (2002). *Variété, Œuvres*, 1. Paris: Gallimard, coll. "La Pléiade".

Vasquez, A., & Oury, F. (1972). *Vers une pédagogie institutionnelle.* Paris: François Maspero.

Vergne, F. (2001). *De l'école à l'emploi. Attentes et représentations.* Paris: Syllepse.

Vergne, F. (2011). *Mots et maux de l'école. Petit lexique impertinent et critique.* Paris: Armand Colin.

Vergne, F. (coord.). (2021). *Le Syndicalisme en commun. Arguments pour une refondation.* Paris: Syllepse.

Vouillot, F. (2010). "La mixité, une évidence trompeuse? Entretien avec Martine Chaponnière", *Revue française de pédagogie*, n. 171, 2010.

Wagner, K., & Warck, R. (1973). *Les Déshérités de l'école. Deux enquêtes sur les classes de transition et les terminales pratiques.* Paris: Maspero.

Wallenhorst, N. (2016). "Politique et éducation en anthropocène. Lecture critique de Dominique Bourg et Alain Papaux (dir.), *Dictionnaire de la pensée écologique*, PUF, Paris, 2015, et de Dominique Bourg et Augustin Fragnière, *La Pensée écologique, une anthologie*, PUF, Paris, 2014", *Raisons politiques*, vol. 62, n. 2, 2016.

Wallenhorst, N., & Pierron, J.-P. (dir.). (2019). Éduquer en anthropocène. Lormont: Le Bord de l'Eau.

Wright, E. O. (2020). *Utopies réelles.* Paris: La Découverte/Poche.

Conecte-se conosco:

 facebook.com/editoravozes

 @editoravozes

 @editora_vozes

 youtube.com/editoravozes

 +55 24 2233-9033

www.vozes.com.br

Conheça nossas lojas:
www.livrariavozes.com.br

Belo Horizonte – Brasília – Campinas – Cuiabá – Curitiba
Fortaleza – Juiz de Fora – Petrópolis – Recife – São Paulo

EDITORA VOZES LTDA.
Rua Frei Luís, 100 – Centro – Cep 25689-900 – Petrópolis, RJ
Tel.: (24) 2233-9000 – E-mail: vendas@vozes.com.br